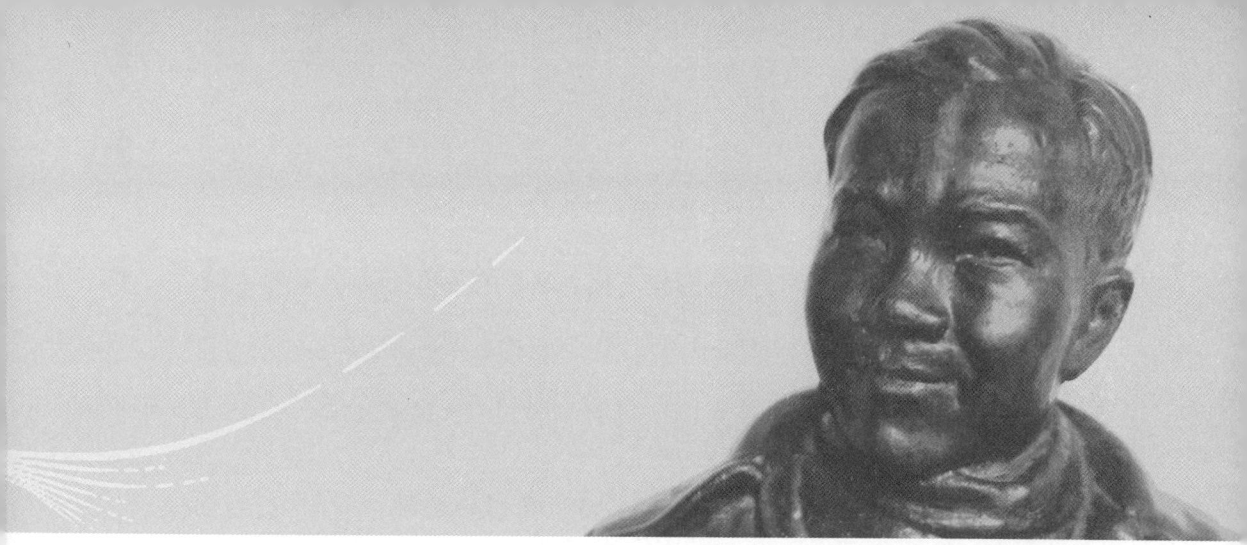

聆听星海

THE SHINING SHADOW OF XINGHAI

培育『世界历史文化名城』的番禺探索

徐柳 主编

南方日報出版社
NANFANG DAILY PRESS
中国·广州

图书在版编目（CIP）数据

聆听星海 ：培育“世界历史文化名城”的番禺探索 / 徐柳主编. — 广州 ：南方日报出版社，2015.6
ISBN 978-7-5491-1257-9

Ⅰ. ①聆… Ⅱ. ①徐… Ⅲ. ①区（城市）—地方文化—文化发展—研究—广州市 Ⅳ. ①G127.651

中国版本图书馆 CIP 数据核字(2015)第 115388 号

LINGTING XINGHAI

聆听星海 —— 培育“世界历史文化名城”的番禺探索

主　　编： 徐　柳
出版发行： 南方日报出版社
地　　址： 广州市广州大道中 289 号
经　　销： 全国新华书店
印　　刷： 广州汉鼎印务有限公司
开　　本： 889mm×1194mm　1/16
印　　张： 12.75
字　　数： 150 千字
版　　次： 2015 年 6 月第 1 版
印　　次： 2015 年 6 月第 1 次印刷
定　　价： 38.00 元

投稿热线：（020）87373998-8503　读者热线：（020）87373998-8502

网址：http://www.nanfangdaily.com.cn/press　http://www.southcn.com/ebook

《聆听星海》编委会

主　编：徐　柳

副主编：陈　琨　田东江　姜玉龙　周洪威　郭小龙

编　委：周山丹　陈晓萍　霍　浩　陶达嫔　张西陆

撰　稿：张西陆　刘怀宇　马喜生　昌道励　詹鹏飞　许晓冰

目　录

着广州“南拓”战略的实施，番禺的社会经济发展势头更加迅猛，随之而来的是对传统文化的传承呼声大涨。在这样的大背景下，番禺提出实施文化引领工程，建设新岭南文化中心示范区。

对话｜刘长安　广东省文学艺术界联合会副主席、广东省音乐家协会主席

星海精神跨越了时代。今天，在冼星海的故乡番禺，“星海”被培育成文化品牌，星海精神被传承和发扬，成为番禺区委、区政府建设文化强区的重要资源。文化是城市的名片，从星海艺术救国梦想到星海精神的现实发扬，我们看到一座新兴城区正在大步迈向转型升级道路上。

对话｜尹　涛　广州市社会科学院副院长

番禺区作为广州市“南拓”发展的重点区域，各类大型现代化新社区不断涌现，具有高层次文化素质和较高收入水平的居民数量不断增加。这为番禺区文化发展提供了稳定的消费市场，也为文化人才的发展提供了机会。番禺区文化发展的空间布局未来将可能是：一核驱动、两带并举、五区联动。

对话｜周广平　星海音乐学院教授、副院长

回归音乐的本质，找寻合唱背后的力量，才能把星海文化中的灵魂真正表

前　言

番禺是人民音乐家冼星海的故乡。在冼星海诞辰110周年之际，南方日报、南方日报出版社和番禺区委宣传部精心策划出版了这本《聆听星海》。本书既是在缅怀冼星海的音乐人生，也是为了更好地传承与弘扬星海精神。

《聆听星海》一书，分三个篇章收录了21篇与冼星海亲属、专家学者等各界人士的访谈对话，深入探讨了星海精神与番禺文化、岭南文化之间的关系，对番禺传承星海精神，培育星海品牌，进而建设“岭南文化名区”提出了许多真知灼见。

番禺，历史悠久。早在3000多年前，岭南人就在这块土地上生息繁衍。作为岭南历史最为悠久的古邑，在秦、汉时期，番禺已是华南最主要的港口城市，海上丝绸之路的起点。直到20世纪中华民国初年，番禺一直是广东的政治、经济、文化中心。

番禺，文化雄厚。历代传承，番禺保留了以传统历史文化和民间文化为主体的岭南文化，并成为以珠三角为核心的岭南文化杰出代表。近代以来，番禺兼容并包，博采众长，成为广东音乐的发源地和岭南画派的发祥地，并利用人民音乐家故里的文化资源优势，创建并巩固星海文化品牌，将星海精神薪火相传。

番禺，人才辈出。悠久的历史造就了番禺深厚的文化底蕴，历代名家涌现。东汉时期岭南第一位著名学者诗人杨孚，宋代著名学者李昴英，都是彪炳史册的人物；明末黎遂球，既是诗书画独冠一时的人杰，也是抗清名将；明末清初爱国诗人屈大均，诗韵为当时绝响；近现代，高剑父、高奇峰、陈树人创立的岭南画派在画坛独树一帜，何柳堂、何与年、何少霞使广东音乐升华至崭新境界。人民音乐家冼星海在抗战时期创作的《黄河大合唱》，堪称唱出中华民族的“正气歌”……

番禺，古迹、古建筑遍布。作为岭南文化重要的发源地，番禺随处可见岭南文化的印记，如莲花山古采石场、东汉古墓群、五代南汉国、沙边窑、沙路炮台；还有散落民间的古建筑，如蚝壳屋、镬耳山墙、古祠堂、古塔、古桥、古庙、古井、古牌坊等。

番禺，民间艺术丰富多彩。沙田咸水歌缠绵幽怨，唱龙舟、粤剧曲艺的曼妙清音遍及城乡；砖、灰、陶、石、木的雕塑艺术，凝聚着民间艺人的灵感和审美情趣；沙湾飘色、沙涌鳌鱼舞、凌边乞巧、龙舟竞渡、舞狮舞龙等民俗活动将南粤豁达开朗、知情义、重进取的风俗民情淋漓尽致地表现出来。

文化，让番禺美不胜收。而星海文化，毋庸置疑是番禺文化夺人眼球的一处所在。

如同著名作曲家傅庚辰所说：“作为冼星海的故乡，番禺有很好的条件和机遇，在文化发展上再迈上一个台阶，番禺树立星海品牌，用星海的精神来激励番禺人民，同时促进番禺文化的发展。”

番禺区党委和政府一直以来十分珍惜冼星海这位受人景仰的人民音乐家，多年不断地收集整理有关冼星海的资料，组织专家学者加强对冼星海文化精神的研究。

早在20世纪80年代初建设星海公园开始，番禺就拉开了培育星海文化品牌的序幕。近年来，随着社会经济的快速发展，番禺更是投入大量资金先后建成冼星海纪念馆、星海青少宫、星海中学等公共文化设施，举办星海艺术节、星海合唱节等享誉国内外的品牌活动，不断扩大星海文化品牌影响力。

为了传承并弘扬星海精神，番禺近年来通过多种形式，把培育星海文化品牌和创造艺术精品作为文化工作的重要任务，在国内外产生了极大的影响。

番禺区委、区政府希望通过星海文化品牌建设，实施文化名片工程，全力打造“星海故里”城市文化名片，全面促进番禺的文化建设，不断提升番禺作为广州新中心城区的文化魅力，为番禺经济文化发展注入强大的精神动力。

文化的特质之一是传承和创新。广东省委书记胡春华在广州调研时强调，广州是有悠久历史文化传承的城市，要把历史底蕴和文化传承充分体现在城市建设中，把岭南特色、中西文化交融的特点体现出来，真正把广州建设成为一个有文化底蕴、有岭南特色、有开放魅力的现代化大都市。

在广州向“世界历史文化名城”迈进的过程中，番禺如何借助星海文化品牌发展自身文化建设？如何聚拢传统历史文化资源进行城市品牌推广，建设岭南文化名区？

或许，阅读过《聆听星海》一书，诸位可以从中得到答案。

第一篇

孕育与反哺：从“星海文化”到文化“星海”

【综　述】

位于五岭之南的广东，历来是一个具有鲜明文化特色的所在。特色的形成，首先基于岭南独特的地理环境和历史条件。

从地理区位来观察，南岭使广东形成了背山面海的特征，而地势北高南低，形成一个大的面对海洋的斜面。这种对内封闭、对外开放的地理格局，利于保留本土文化，同时接受海外文化。翻开历史，秦始皇二十六年（公元前221年），尉屠睢率领50万大军对居住在今天两广地区的古越族进行了大规模的战争，7年之后，建置了南海、桂林、象三郡。岭南从此正式纳入中原的版图。其中，南海的郡治就是番禺。前些年，在广州市中山四路南越国宫署遗址发掘现场，当一块刻有大大的篆文“蕃”字的石板出土时，考古学家们均激动不已。在他们看来，“蕃”字一字值千金，这个字把遗址的性质、年代等于无声中交代得清清楚楚。而这个字，正是“番禺”之“番”。

沧海桑田。历史上的番禺行政区与今天的已不能等同，由“涵盖”广州到先后成为广州所辖的一个县、市以及现在的区，但番禺的文化内核，不会随着行政区划的调整而发生任何改变。今天，广州的历史文化被浓缩进“四地”说之中，也就是：古代广州是海上丝绸之路发祥地；近现代广州是中国民主革命策源地；当代广州是全国改革开放前沿地；而在区域文明史的进程中，广州则是岭南文化的中心地。番禺，在“四地”说中扮演着当仁不让的重要角色。实际上，岭南文化的独特一面，早在唐朝就已被时人所认识。晚唐最具影响力的诗人之一许浑留下了一首《登尉佗楼》，诗曰：“刘项持兵鹿未穷，自乘黄屋岛夷中。南来作尉任嚣力，北向称臣陆贾功。箫鼓尚陈今世庙，旌旗犹镇昔时宫。越人未必知虞舜，一奏薰弦万古风。”尉佗者，南越王赵佗也，河北真定人氏，毛泽东同志曾风趣地说他是“南下干部第一人”。许浑的这首诗，前六句相当于一部超微缩的南粤史，而末尾点睛的这两句，即对岭南文化的高度评价。许浑得出这个结论并非夸大其词，自开元名相张九龄主持扩建大庾岭新道，岭北岭南贯通，广东的面貌就已经为之一新。用明朝邱浚的话说：“兹路既开，然后五岭以南人才出矣，财货通矣，中原之声教日进矣，遐陬之风俗日变矣。”（《广文献公开大庾岭路碑阴记》）

千百年过去了，中原文明、本土文明再加上西方文明相互融合而共同形成的岭南文化，早已成为中华民族优秀文化的重要组成部分。从代表人物来看，东汉有“百粤学者之宗”美誉的学者杨孚，南北朝时期被周恩来总理褒扬为“中国巾帼英雄第一人”的冼夫人，唐代被尊为“雷祖”的陈文玉，将禅宗进一步中国化的六祖惠能，“开元盛世”的名相同时也是文学大家的张九龄，宋代“庆历四谏官”之一的余靖，被誉为“粤词之祖”的崔与之，明代著名哲学家陈献章、湛若水，再到晚清以降，揭开民主与科学序幕的启蒙思想家郑观应，改良维新的推动者康有为、梁启超，民主共和的领导者孙中山等等，其文化根脉在绵延中始终保持着旺盛的生命力。尤其是1978年以来率先起步的改革开放，广东更没有辜负中央赋予的使命，为全国改革开放“杀出了一条血路”，起到了试验场和排头兵的作用。

在岭南众多名垂青史的人物中，番禺自然占有重要一席。其所孕育的一大批享誉国内外的学者、名流，既有开创岭南画派的“画坛三杰”高剑父、高奇峰、陈树人，有诗、书、画名家叶恭绰、赵少昂、李天马、麦华三、周千秋，还有建筑工程界泰斗罗明熵，地质学家何杰，教育家许崇清，等等。其中，更有被毛泽东同志赞誉为“无产阶级音乐先驱”的人民音乐家冼星海。

冼星海虽然诞生于澳门海边一个疍家的渔船上，但他的故乡却是在番禺。年纪很小的时候，冼星海就跟着外祖父学会了用竹箫吹奏广东水乡民歌。生活在一定地域的人们，所创造出的文化，往往正是与这个特定的地域内自然环境、历史传统、生活习俗等密切相关的地域文化。番禺的沙湾古镇作为广东音乐的发源地之一，清末“何氏三杰”何柳堂、何与年、何少霞在此创立典雅派粤曲，留下大批脍炙人口的经典，传唱至今。文化是人类生活的反映、活动的记录、历史的积沉，是人们对生活的需要和要求、理想和愿望。地域文化一旦为人们所创造，这种文化反过来也会塑造在这块土地上的人，使其在成长的过程中受到地域文化的浸染，其审美趋向以及创作特点和风格也会受到潜移默化的影响。在这些背景之下，1918年进入岭南大学附中正式开始专业学习音乐的冼星海，其幼时耳闻目睹的桨声灯影、渔歌号子，势必在他的记忆深处印上了浓厚的故土情结。

众所周知，冼星海一生创作的音乐作品近五百首，其中尤以《生产运动大合唱》《黄河大合唱》等最为著名。《黄河大合唱》以排山倒海的磅礴气势、热情奔放的雄浑旋律，展现了中华民族全面投入抗日战争的壮丽图景，热情地歌颂了不屈不挠争取自由解放的英雄儿女，成为中华民族音乐史上的不朽之作。周恩来同志为之题词：“为抗战发出怒吼，为大众谱出呼声。”当年，在延安，冼星海穿着灰布军装和草鞋、打着绑腿指挥《黄河大合唱》的雄壮场面，令在场的毛泽东和其他中央首长连声叫好。其后，更有许多青年男女一边唱着“风在吼，马在叫”，一边走向抗日战争的最前线。在抗战烽火的洗礼下，《黄河大合唱》迅速成长为中华儿女爱国救亡的号角；与此同时，其以所负载的精神力量和民族个性，在海外华人及世界反法西斯战线中得到了广泛的认同。冼星海也因之实践了自己的诺言：“我有我的人格、良心，不是钱能买的。我的音乐，要献给祖国，献给劳动人民大众，为挽救民族危机服务。”他在《普遍的音乐》一文中更呼吁从事音乐工作的人“肩负起一个重责，救起不振的中国！”冼星海的创作正是以“救起不振的中国”为目的，表现出汹涌澎湃的激情。

2012年岁末，习近平总书记在参观“复兴之路”展览时第一次阐释了“中国梦”的概念：“实现中华民族伟大复兴，就是中华民族近代以来最伟大的梦想。”随后，习总书记又发表了一系列关于中国梦的重要讲话。中国梦，道出了中华儿女的共同心声，与每个人的梦紧紧相连。习总书记的这一时代解读，既饱含着对近代以来中国历史的深刻洞悉，又彰显了全国各族人民的共同愿望和宏伟愿景，为党带领人民开创未来指明了前进方向。在这个大的背景之下，我们的时代既需要表现美好生活的抒情浪漫曲，更需要宏大的时代之歌。事实上，中华民族的每一段历史就是一部交响曲，作曲家应该用自己独特的方式记录一个民族发展和文明进步的历史。今天，我们的音乐家们更应该以冼星海为榜样，顺应时代的要求，把自己融入历史和时代发展的潮流中去，深入生活，反映生活，从而创作出具有社会主义文化特色，人民群众喜闻乐见，同时又承载着中国精神、中国气派、中国梦想的优秀音乐作品，为社会发展和文明进步、提升中华民族音乐文化素养做出自己的贡献。

音乐创作是音乐家用音符编织的梦想，而音乐作品反过来也是音乐家精神世界的展示。毫无疑问，一个对民族文化怀有深厚情感的音乐家，就会自觉地承继民族文化，就会自觉担当民族赋予自己的责任，就会发自肺腑地热爱祖国热爱人民，从而创作出为人民所喜爱的艺术作品来。冼星海正是这样一位伟大的音乐家，因而他的作品所体现的中华文化精神是高昂向上的，影响是深远的。冼星海的音乐成就早已经融进中华文化宝库，作为番禺的骄傲，这也是岭南文化对中华文化的重大贡献。

（撰文／田东江）

第一章

乡情难忘：谈星海，离不开故里番禺

核心提示

“顶硬上，鬼叫你穷，铁打心肝铜打肺，立实心肠去捱世。捱得好，发达早……”冼星海几百首作品中，这首《顶硬上》广东风格浓郁。

作为冼星海的独生女，冼妮娜接受采访时表示，父亲受家乡广州番禺文化的影响很大，一些作品不仅呈现着广东人的不少生活习惯，还直接体现了家乡的特色。“我奶奶用《顶硬上》来教育我父亲，命运虽然对我们不好，但是我们不会被命运所征服，一定要去奋斗，要立足于世界。”

长期研究星海音乐和番禺文化之间关系的民间学者梁谋也表示，冼星海的幼年生活地在新中国成立前原属沙湾何氏家族管辖。沙湾是文化之乡，是广东音乐发源地之一，又是广东音乐“何氏三杰”的故乡。沙湾一带民间歌谣十分丰富，如咸水歌（疍民歌）、木鱼、南音、龙舟、儿歌等，从冼星海传世作品当中不难找到具有浓郁番禺乡土气息的作品。故乡的成长环境不仅影响了冼星海的音乐作品，更是对其形成拼搏向上、不屈不挠的可贵品质，产生了至关重要的影响。

而指挥家严良堃、苗向阳表示，《黄河大合唱》在抗战时期是鼓舞人民战斗的号角，在今天，又将坚定人们实现中华民族伟大复兴的信念。

对　话

冼妮娜：星海与番禺的不老情结

（冼妮娜，冼星海烈士之女）

》》谈创作过程

南方日报：您出生不久，父亲冼星海便受中共中央的派遣前往苏联。您对父亲的了解和认识主要是通过哪些途径获得的？

冼妮娜：出生仅仅八九个月，我与父亲冼星海一别便成永别。多年来，我对父亲的了解都是通过母亲和他的学生等人的讲述和回忆。

长大后，我先后拜访了上百名父亲的战友、同学、学生、邻居等。尤其是我退休后的这些年，有更充分的时间拜读父亲的遗作，力所能及地收集有关他的资料。父亲在我心目中的形象愈发清晰，我渐渐知道他是一位怎样的人。

1940年，冼星海与鲁迅艺术学院音乐系教职员合影，前排左二为冼星海抱着女儿妮娜（吴雍提供／FOTOE）

从他遗留的信件中，从他的战友、学生的回忆中，也从妈妈长年不断的思念和叙述中，我更多地懂得了父亲。他是个贫苦渔民的儿子，从小酷爱音乐，他几乎是在死亡线上挣扎着奋斗、求学。他曾以优异的成绩毕业于法国巴黎音乐学院，等待他的是一条用鲜花和金钱铺成的大道。但他义无反顾，不远万里，回到了自己贫苦多难的祖国，满腔热血地投入了中国共产党领导下的抗日民族解放战争。

南方日报：这些年来，您整理的父亲的音乐作品中，最喜欢的是哪个作品？

冼妮娜：是大家都喜欢的《黄河大合唱》。这部作品非常好，所以在反法西斯战争胜利50周年的时候，取得胜利的国家讨论哪些歌曲最好，一共选了10首，其中一首就是《黄河大合唱》。

南方日报：谈谈这部作品的创作过程吧。

冼妮娜：1939年农历除夕，我父亲受邀到延安西北旅社一间宽敞的窑洞，与到延安慰问演出的第二战区抗敌演剧三队的同志们欢聚一堂。那晚，赴延安疗伤的诗人光未然激情朗诵了长达400多行的《黄河大合唱》歌词。

父亲一直坐在靠门边的椅子上静静聆听，光未然话音刚落，他就霍地起身大步上前把歌词抓到手里，说："我有把握写好它！"

为了创作好《黄河大合唱》，我父亲没有先动笔，而是花了好多天时

1939年4月，冼星海在延安指挥排练《黄河大合唱》（吴雍提供／FOTOE）

间，向光未然与三队的同志们详尽地了解抢渡黄河时的情形以及船工号子的铿锵呼号，默默地酝酿着这部作品。

南方日报：当时创作的条件怎么样？

冼妮娜：抗战时期，延安的生活条件肯定很艰苦。不过我从母亲那里了解到，他们当时还是很乐观的。没有咖啡，他俩把黄豆磨成粉拌上少许红糖，这被鲁艺师生们称作“土咖啡”。我父亲抽的烟斗嘴坏了，在延安配不了，他就把一支竹杆毛笔的笔尖拔了，将笔杆当烟嘴用，坐在土炕上临窗的小桌前，抽着超长烟斗奋笔创作。

母亲说，父亲艺术创作时有个习惯：思考一旦成熟，工作起来的劲头相当惊人，可以连续几天几夜不休息，直至作品完成。

从1939年3月26日至31日，父亲以这种方式，6天6夜内不间断地完成了《黄河大合唱》的8首合唱、齐唱、独唱、对唱、轮唱作品的谱曲。

南方日报：冼星海是广州番禺人，在生活中是不是也保留了一些广州人的习惯？

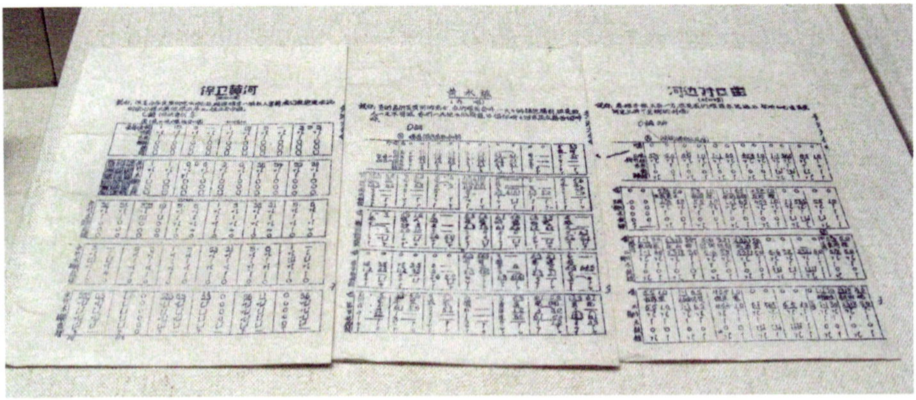

《黄河大合唱》歌谱（复制品），藏于广东省博物馆（沙忆提供／FOTOE）

冼星海《起重匠》手稿（吴雍提供／FOTOE）

冼妮娜：很多广州人都有吃甜食的习惯。听母亲说，父亲喜欢甜食，创作前，因延安买不着糖果，她就托光未然先生买了两斤白糖。随后，在父亲盘腿坐在炕桌前激情创作《黄河大合唱》的日子里，伴随着他的是一撮撮抓放进嘴里融化的白糖、超长烟杆吐出的腾腾烟雾和“土咖啡”飘出的香味。

广东人爱吃鸡，我母亲有时也会想办法炖鸡给父亲吃。

南方日报：除了《黄河大合唱》，您还喜欢父亲的哪些作品？

冼妮娜：还有很多作品我也很喜欢，像《到敌人后方去》《救国军歌》《顶硬上》《满洲囚徒进行曲》《莫提起》等等，不同的歌有不同的风格，能够反映那个时代劳苦人民抗战的情绪。

我父亲创作有个特点，他首先一定要深刻地了解创作对象，不然他无法体会劳动人民的感情。所以父亲的作品可以很好地体现劳动人民的真情实感。

比如说，父亲根据煤矿工人的劳动号子，创作了《起重匠》这个作品。在此之前，国内还没有为煤矿里的矿工写的音乐作品。我父亲为了写这部作品，亲自下到矿里和工人一起劳动，跟工人同吃同住，所以他才能体会到工人劳动的辛苦，创作出感动劳动人民的音乐作品。父亲深入一线进行音乐创作，受到了工人的普遍欢迎，工人们自发打出了“欢迎冼泰斗”的标语。不过我父亲很谦虚，他说泰斗不是他，而是聂耳。

》》谈作品重演

南方日报：《黄河大合唱》是冼星海最重要的代表作品，这部作品在“文革”期间也受到影响。这其中的原因是什么？

冼妮娜：因为“文革”的时候光未然先生被揪出来说有问题，江青就说留曲不留词，词不能唱，所以后来就很荒唐地改了词，《救国军歌》等作品的歌词都改了。

南方日报：《黄河大合唱》在“文革”后期获得重演，您对这段历史了解吗？

冼妮娜：1975年，适逢父亲逝世30周年，母亲通过邓小平请示毛主席，要求重演《黄河大合唱》，很快得到毛主席的批复。于是，在周总理的支持下，《黄河大合唱》冲破了“四人帮”的阻力，得以在北京、上海、天津等地举办的纪念聂耳、冼星海的音乐会上按原词演唱。当年10月25日晚，在北京民族宫举行的纪念音乐会上，久未露面的乌兰夫、谭震林、王震、谷牧等很多老同志都出现在观众席上，他们聆听着《黄河大合唱》，场面很感人。

当时周总理病重，他托邓颖超给中央乐团指挥李德伦打电话，祝音乐会演出成功。邓大姐说：“总理身体不好，我们不能来了，我们今晚坐在电视机旁，认真地听你们演唱。”

南方日报：当时重演的时候，您在现场吗？

冼妮娜：当时我还在西北的国防工厂制造飞机，没能到现场。

南方日报：对于这场演出的效果以及对后来的影响，您如何评价？

冼妮娜：在那么艰难的时期，能够进行演出，确实很不容易。不过我对演出的效果不是很满意。演出中《黄河大合唱》曲子的部分旋律被改编了，我觉得改编之后效果不如原曲，非常遗憾。

南方日报：这次演出改编了原作品的哪些地方？

冼妮娜：感觉改动还是挺大的。比如《黄河大合唱》里的《黄河船夫曲》，“划哟要冲上前”，“冲上前”是三连音，音乐会把三连音改了。但整个歌曲有连带关系，是一个整体。三连音在《黄河大合唱》里面是一个华彩段，改编以后就体现不出作者的原意图了。

2005年我父亲诞辰100周年的时候，我主编的《黄河大合唱》刚刚出版，我带了几本到新加坡去，送给当地的音乐界人士。一名音乐总监看了我的书后高兴得跳起来。他说以前妈妈教他唱过《黄河大合唱》，但后来忘记了，怎么找也找不到原来的曲子，这次终于在这本书上看见了。

还有一次，也是一名音乐界人士跟我说，他特别喜欢《黄河大合唱》，但是唱到“划哟要冲上前”那里总是觉得很别扭。后来我把我主编的《黄河大合唱》的手稿和莫斯科交响大合唱的手稿交给他，他看了以后说：“这个才是冼大师的作品！就是这样的，不能改！改了以后就不是那个味道！改了以后就不是作者的本意，紧张有余，沉着不足。”

南方日报：但现在这个改编版已经流传得非常广泛了。

冼妮娜：确实是这样。因为中央乐团演奏过，大家又听不到原来的手稿，只能听到中央乐团的版本。不过我觉得不能以这个作品来代替我父亲的原作，应该按原作品更正过来，我父亲的著作权应该受法律保护。

南方日报：冼星海是一名音乐大师，您退休后一直研究父亲的作品，对父亲的音乐也相当感兴趣，当初怎么没有去学音乐？

冼妮娜：当时是因为工作需要。我们读书的时候，建设祖国需要学工科，我是学习造飞机的。

南方日报：您有没有想过让您的儿孙辈去学音乐？

冼妮娜：这个要顺其自然。不管学习什么，爱国心不能变，都要对祖国、对社会有作用，要自食其力。如果硬要学什么，效果可能反而不好。要看孩子是否有这个爱好，是否有这方面的天赋。而且现在学费特别贵，我们也要考虑是否能供得起。孩子年龄小的时候学音乐肯定需要父母供，年纪大了虽然可以勤工俭学，但那时候再学音乐可能又有些晚了，不一定合适了。

》》谈星海与番禺的关系

南方日报：您退休后整理父亲的作品，有没有发现带有父亲的故乡广州风格的音乐作品？

冼妮娜：有一些，但不是很多。比如说一些疍民歌，都是他以前创作的。我父亲有上千首作品，但是因为战争年代丢失了很多，保存下来的也就是几百首，其中包括《顶硬上》这种有家乡风格的，还有《劳动号子》等几首。

南方日报：这几首作品你印象最深的是哪一首？

冼妮娜：当然是《顶硬上》这首歌，我每次听到都觉得十分亲切。这部作品是我父亲创作出来纪念我奶奶黄苏英的。“顶硬上，鬼叫你穷，铁打心肝铜打肺，立实心肠去捱世。捱得好，发达早……”这首歌就是一首劳动的歌曲，从它可以看出我奶奶用《顶硬上》来教育我父亲。“鬼叫你穷，铁打心肝铜打肺，立实心肠去捱世”，这意思就是命运虽然对我们不好，但是我们不会被命运所征服，一定要去奋斗，要立足于世界。

星海青少年宫（资料图片）

南方日报：您父亲出生在广州番禺，一些作品也受到了家乡的影响。这些年来，您有没有回父亲的家乡走动走动？

冼妮娜：从20世纪80年代开始，我陆续回了广州很多趟。因为这里是我父亲的老家，所以每次回来都感觉非常亲切。每次回来，我父亲的墓地肯定是要去的，父亲的出生地番禺也是必去的地方。

南方日报：还记得第一次回番禺的心情吗？

冼妮娜：20世纪80年代我第一次回番禺，发现那里有用我父亲名字命名的公园，知道我父亲在老家被这么多人纪念，当时就感觉非常激动，也特别感动。

南方日报：您前几年来广州的时候有没有去过父亲的老家？

冼妮娜：据考证，我父亲出生在番禺的一个小村庄。我回去的时候也有去看一看，不过因为父亲一家都是疍民，生活在船上，所以他没有故居，也没有非去不可的地方。但也正因为没有固定的地方，我感觉番禺就是他的故乡，都有他的足迹，所以对我来说番禺各个地方都是家乡，都挺亲切的。

南方日报：如今，番禺乃至整个广州纪念冼星海的地方越来越多，您作为冼星海的家人有什么感受？

冼妮娜：用我父亲的名字来命名公益事业、学校、公园、街道等当然是好事，像星海公园、星海音乐学院等都很有意义。但如果用得太多，可能也不太好。一些真正需要以我父亲名字命名的东西，其意义就会被冲淡。要有所控制，分清楚什么情况下可以使用这个名字；要形成一个特色，而不是泛滥地使用。否则不仅没什么意义，也是对父亲名字的不尊重。

如果真的要用“星海”的名字，一定要有一个申请程序，一个批准的条件，特殊情况才可以使用这个名字。

番禺市桥星海公园（资料图片）

另外，我觉得如何取名也并非最重要的事情。我希望父亲的家乡各方面都能好起来，这才是最关键的。

南方日报：冼星海作为广州番禺人，他刚毅坚韧、自强不息的爱国主义精神也一直激励着家乡人民。您觉得星海精神在当下应该如何继续发扬光大？

冼妮娜：我是冼星海的家属，自己谈发扬星海精神可能不是很合适。但我个人觉得，星海精神也可以说是一种爱国主义精神，我们应该发自内心地学习这种精神。作为一个公民，爱国主义精神是需要的。作为一个受到共产主义正面教育的人，肯定会自发地有一种爱国情操。

我们可以用星海精神来鼓舞人们团结一致，努力奋斗，实现中国梦。中国梦不是一句空话，不是想实现就能实现的，没有艰苦奋斗、团结一致是不可能的。

我们要好好想想我们能为子孙后代留下什么，不要因为图眼前利益而损害了子孙后代的幸福。

梁谋：星海音乐深受禺南音乐影响

（梁谋，中国民间文艺家协会会员）

》》番禺对星海音乐的影响

南方日报：疍家歌曲对冼星海产生了哪些影响？

梁谋：小星海踏入人世，就随同母亲一起挨苦挨难了。他那年轻守寡的母亲，决心要实现丈夫的遗愿：一定要把孩子抚育好，培养成一个有用的人。但寡妇孤儿，家无斗米，十分贫穷，怎么生活呢？无奈，只好带着小星海到澳门去做佣工，干杂活。每天从早到晚的繁重工作，使她疲劳不堪，但她还是咬紧牙关顶着干。晚上，劳累了一天的母亲总爱抱着小星海哼起《顶硬上》的劳动号子来："哎呵哟呵，顶硬上，鬼叫你穷，哎呵哟呵！哎呵哟呵！铁打心肝铜打肺，立定心肝去捱世，哎呵哟呵！……"这简单的旋律，既是儿子的催眠曲，也是冼母挣扎的心声。久而久之，它就成为星海童稚心灵上不可磨灭的启蒙乐章。

可以说冼星海生来第一次受到音乐陶冶，就是在他孩提时代听到母亲哼吟的劳动号子《顶硬上》。

冼星海为铭记母亲恩情，将《顶硬上》收入其曲集，以黄苏英词、冼星海曲面世。后来，冼星海将《顶硬上》这首启蒙曲，作为纪念母亲的歌，不论在什么场合演出，第一曲必然用广州话来演唱它。由此可见，《顶硬上》对星海音乐生涯的重要影响。

如今，有些版本的《顶硬上》也在用普通话唱，但实际上用白话来唱肯定会演绎得更加精彩一些。

南方日报：除了音乐，疍家文化对冼星海的性格是否也产生了影响？

梁谋：其实《顶硬上》是一首在禺南乃至珠江三角洲地区非常流行的劳动号子，充分体现了疍家人不畏艰险、迎难而上的强硬性格。据我了

20世纪初期，广东珠江一带的渔船（吴雍提供／FOTOE）

解，疍民日常生活中最盛行的娱乐活动就是唱歌，干活时要唱，休息时要唱，恋爱时要唱，甚至结婚的时候也要唱。疍民们所唱的歌通常又叫咸水歌，是疍家人口耳传唱的口头文化。

冼星海是听着咸水歌，在疍家渔船的摇晃中长大成人的。相信在他幼年时，疍家歌曲肯定在他心里埋下了一粒种子。尤其是疍民那种不服输的硬汉气质，通过音乐时时影响着冼星海，不仅影响了他的音乐作品，更是影响了他的性格。这对于他在坎坷命途中历练，最终成为那个拼搏向上、不屈不挠的冼星海起到了重要作用。

南方日报：沙湾何氏音乐对冼星海创作的影响体现在哪些方面？

梁谋：沙湾是有名的文化之乡，文化名人辈出，如清代粤剧名艺人花旦章、清末琵琶演奏家何博众等等。这里是广东音乐典雅派的发源地，是广东音乐“何氏三杰”（何柳堂、何少霞、何与年）的故乡，也是南国民间艺术奇葩“沙湾飘色”的故土，又是民间艺人“南音圣手”陈鉴的出生地。沙湾一带有着非常丰富的民间歌谣，如咸水歌、南音、龙舟、木鱼、儿歌等等。从冼星海传世的作品当中，不难找到具有浓郁禺南乡土气息的作品。

如1940年冼星海创作的大型交响乐章《民族解放交响乐》第三章《保卫祖国》的第一段《龙船舞》，他以南国水乡五月端午龙舟竞渡，人们同心协力、克服困难、一往无前、奋发向前，不获全胜誓不罢休的民族精神为题材而写成。它与沙湾何氏创作的广东音乐不朽之作《赛龙夺锦》的创作构思何等相似！真有异曲同工之妙。

还有他在1945年创作的《中国狂想曲》，运用了广东音乐《下山虎》；在苏联莫斯科时，他用广东小曲《饿马摇铃》《双飞蝴蝶》等作为

20世纪20年代，冼星海（左一）在广东岭南大学求学时参加的岭南大学乐队（吴雍提供／FOTOE）

素材，创作了第一组曲《后方》，而《饿马摇铃》正是沙湾何氏家族传世之作。在沙湾一带流行的民歌、号子、童谣，如《鸡公仔》《月光光》《团团转》等，星海也将它们谱成乐曲。抗日战争时期，星海以音乐为武器，唤起民众抵抗敌人、保卫祖国的斗志；运用通俗易唱的曲调，将别具南方特色的方言写入歌词，以便广为传唱，如《团团转》中的“团团转，地球圆，好兄弟，结成团，储了钱，造战船，铸大炮，几百门，有飞机，飞上天，潜水艇，随海钻，唔怕你炮利，唔怕你船坚，我们好兄弟，爱国要心坚”。

又如《民族精神》的歌词非常通俗：“几大就几大，大家顶硬上！疏兰！尽地一煲，尽地一煲！丢那妈！挟山超海虽空话，死命拥挤奈我何？珠江水长，五岭山高，我们靠着那只要吐口气，天地撞破、撞破、撞破，丢那妈！怕什么？”

“丢那妈”是典型的广州话，这一首歌曲在珠三角地区流传甚广。由此可见，番禺的亲水文化对冼星海的音乐创作影响深远。

南方日报：请您总结一下，广东音乐在冼星海的成长经历中，处于什么样的地位。

梁谋：在番禺出生，在广州求学，可以说广东音乐伴随了冼星海的成长历程。“风在吼，马在叫，黄河在咆哮……”，冼星海的音乐气贯山河，这股凛凛的英雄之气，是一种与生俱来的气魄，具有感人至深的独特魅力。可以说冼星海音乐的根就在番禺，就在疍家人的渔船上。

严良堃：唱黄河声，慰赤子心

（严良堃，著名指挥家、中国交响乐合唱团创始人之一）

》》民族的音乐

南方日报：《黄河大合唱》诞生至今已经76年了，全世界的华人还在传唱，您觉得冼星海为什么能够创作出生命力这么强盛的传世大作？

严良堃：我认为星海老师能够创作出有这么强大生命力的《黄河大合唱》，主要有三方面的原因。第一是他把自己的出路放在民族出路里面，而不是放在民族出路的前面，他是为人类的进步而奋斗，而不是为自己的索取而奋斗，他和他的作品充分体现了这种奉献和献身精神。第二是他的音乐扎根在祖国的土地上，用现在的话来说就是接地气，他在积累中国民歌方面下了很大功夫。他的音乐饱含着民族的元素，比如说《黄河大合唱》里“黄水奔流向东方，河流万里长”，一听就是中国中原民歌的那个味道；“张老三我问你，你的家乡在哪里？”一听就是醋味，山西调。当年我们跟星海老师学习音乐的时候，我们给他封了一个称号叫“中国民歌的活字典”。但是他不是照搬照抄，他把民歌吸进去经过消化生成新东西，就是音乐卤汁。第三是他刻苦用功。他在学习探索音乐艺术方面非常认真和勤奋。他写了很多东西，在上海就写了很多，在武汉差不多一年的时间，又写了200首以上的歌曲，几乎三天写两首。他是高产音乐家，所以，他的创作量非常大，有丰富的经验，有扎实的功底。

南方日报：您被誉为指挥《黄河大合唱》的专业户，您能用几句话概括地评价一下《黄河大合唱》吗？

严良堃：《黄河大合唱》传唱至今已经70多年，在这漫长的岁月里，《黄河大合唱》在中国历史和中国音乐文化的建设上，都起到了很大的作用。我作为表演这部作品的指挥，在其中所起的作用是有限的。冼星海是我的恩师，光未然是我的师长，我怕是评价不了他们的作品的。这里我只是谈谈指挥这部作品的一些心得和感受。《黄河大合唱》能够有如此巨大的影响力，首先因为它是作者心声的真情流露。他们将自身的利益与人民大众的利益联系在一起，他们对民众的疾苦有着深切的感受，他们的情感与民众是相通的。因此他们的音乐代表了民众乃至中华民族，表达了民众的呼声，这样的音乐才能打动人，才能激起整个民族的共鸣。其二，《黄河大合唱》是我们中华民族自己的音乐，是中国第一个用外国形式表现中国东西，而丝毫没有留下复制外来艺术的痕迹的音乐作品。

南方日报：抗日战争期间，据说全中国都在唱《黄河大合唱》，就连国民党宪兵队的宪兵也在唱？

严良堃：那时候，全中国都在唱《黄河大合唱》，因为歌词里没有政党的内容，所以他们觉得唱《黄河大合唱》就是抗战打日本，所以大家愿意唱。我当时在音乐学院念书，学校旁边就有个国民党的宪兵队，每天早上宪兵队操练的时候都在高唱“风在吼，马在叫……”。一直到1941年“皖南事变”后，国民党开始反共了，就禁止唱《黄河大合唱》和延安的歌。

南方日报：据说“文化大革命”期间，江青等人禁唱了《黄河大合唱》，还把词作者光未然关进了牛棚，并留曲不留词，创作了《黄河协奏曲》？

严良堃：江青给光未然扣上了王明投降主义路线的帽子，把他关进了“牛棚”。这么一来就滑稽了，光未然是王明路线上的，冼星海是毛主席路线上的，也就是说，《黄河大合唱》的词是王明投降路线上的，曲子是毛主席革命路线上的。《黄河协奏曲》就是腰斩《黄河大合唱》搞出来的钢琴曲，虽然这曲子出身不好，但在国外演出效果不错，特别在东欧国家演出时反应特别好。中国老百姓也喜欢这曲子。

2005年，在中山纪念堂举行的“纪念抗日战争胜利60周年暨冼星海诞辰100周年”交响音乐会（王辉　摄）

》》宣传的力度

南方日报： 据说《黄河大合唱》还有几个版本，最近上海演出了一个莫斯科版。这个莫斯科版是怎么回事？为何很少演出这个版本？

严良堃： 莫斯科版是星海在病中写的，那时候他很多事情已经力不从心了，所以配器上面有些不完美的地方，甚至有一些是违反音乐规律的。1956年，苏联人也用俄文演唱《黄河大合唱》，那次演出是苏联的乐队和合唱团。他们请我当艺术顾问，演出指挥是李德伦。这些苏联人也是冼星海生前的好朋友，他们说星海在病中写的总谱有些不能演奏，他们进行了整理。所以，我们中央乐团在1975年的时候，发动了一些音乐学院配器好的音乐家，对总谱进行了整理，现在全世界都在用这个版本，叫中央乐团演出版。上海演出的这个莫斯科版也是经过修改整理的。

南方日报：您作为中国合唱界的老前辈，对广东的合唱事业发展有什么期望？

严良堃：广东的合唱事业一直都很有成效，每年有“星海歌潮”。星海的故乡番禺每年有星海艺术节，每两年就举办一次国际合唱节，在国内外都很有影响。这里只是提个建议，希望政府加大宣传力度，扩大星海园和番禺冼星海纪念馆的影响，特别是广东省合唱协会和广州市合唱协会，理应在这方面做更多的宣传鼓动工作。比如说，凡是来广州参观旅游或开会的音乐人和合唱团体，尽量让他们参观一下星海园和冼星海纪念馆，扩大其影响。

苗向阳：时代的强音，永恒的旋律

（苗向阳，广州中华文化学院教授、合唱指挥家）

》》传唱

南方日报：《黄河大合唱》诞生已经76年了，当年它是怎样从延安传播到全国的？

苗向阳：《黄河大合唱》起于延安，传自延安。1939年4月底，光未然随抗敌演剧三队离开延安，奔赴大后方做抗日宣传工作，光未然也将《黄河大合唱》原作带出了延安。1940年八九月间，政治部第三厅所属的孩子剧团在重庆首先演唱了《黄河大合唱》，指挥者就是我的老师严良堃，他那时还没满17岁。随着重庆的刊物登载其歌谱，《黄河大合唱》开始向全国传播，昆明、成都、桂林、上海相继演唱了《黄河大合唱》。在短短的时间里，《黄河大合唱》就在各大城市、各大战区广泛传唱，成为最雄伟的抗战呼声。

南方日报：《黄河大合唱》第一次走出国门，后来还传唱到哪些国家？

苗向阳：1940年的时候，音乐家刘良模把《黄河大合唱》乐谱带到美国。1941年美国普林斯顿音乐学院在纽约用英文演出了《黄河大合唱》，使《黄河大合唱》第一次走出国门。

1942年2月，由光未然担任总领队的缅甸华侨青年战工队，在缅甸演出了由李凌和赵沨排练指挥的《黄河大合唱》。值得一提的是，1945年10月24日，在联合国成立的庆祝大会上，美国黑人歌王保罗•罗伯逊用英语演唱了宋庆龄提供的英译本《黄河大合唱》中的《黄河颂》，使《黄河大合唱》走上了世界大舞台。接着，在苏联的莫斯科、美国的纽约和旧金山、德国的柏林，以及澳大利亚、菲律宾、新加坡的华人和反法西斯的外国朋友都在演唱《黄河大合唱》。1964年，《黄河大合唱》也流传到日本。在日本神户，由日本劳动者业余团体用日文演唱了《黄河大合唱》，其中《黄河大合唱》中的“鬼子”一词也照译不误，只是在演出说明书上作注：“鬼子是指日本军国主义”。

南方日报：据说《黄河大合唱》在台湾被禁唱40年之久，后来是怎样解禁的？

苗向阳：台湾在1949年就禁演了《黄河大合唱》。20世纪80年代后期，台湾的音乐人杜黑到北京找我的老师严良堃，说要《黄河大合唱》总谱，还说要在台湾演出。我老师觉得这简直是天方夜谭，但还是答应了他的要求。后来，老师把谱子寄到广州，经香港辗转到了台北杜黑手里。接着，杜黑等人四处奔走，呼吁在台湾上演《黄河大合唱》。这也引起了关

广州星海合唱团的老团友带着《黄河大合唱》歌谱缅怀冼星海（符超军　摄）

于是否演出《黄河大合唱》的争论。争论进入白热化状态，双方各执一词，互不相让。这时，时任国民党党部副秘书长的宋楚瑜只能出面调和。宋楚瑜说，这么好的歌你们怎么说不行，歌词有问题可以改。于是他们改了3句总共9个字。1989年6月25日，《黄河大合唱》在台湾沉寂40年后，终于能够全曲扬声公演了。

南方日报：您觉得传唱《黄河大合唱》有什么现实意义？

苗向阳：《黄河大合唱》犹如一股强劲的旋风，使侵略者闻风丧胆，却使中华民族具有不可战胜的力量。今天我们再唱《黄河大合唱》，为的是更加振奋精神，不忘国耻，心存危机；今天我们再唱这首战歌，弘扬抗战的伟大精神，为的是更加坚定信念，忠诚爱国，成才报国，因为实现中华民族伟大复兴的中国梦还需要我们去拼搏、去奋斗。

》》展望

南方日报：听说您是番禺星海合唱团的首任指挥，您对星海故乡的群众合唱工作有什么评价和期望？

苗向阳：2002年5月起，我应邀担任番禺星海合唱团指挥兼艺术指导四年多。最难忘的是在2005年冼星海100周年诞辰时，番禺星海合唱团举办了“冼星海作品专场音乐会”，演唱了星海10多首声乐作品及《黄河大合唱》。恩师严良堃携夫人亲临番禺观看并上台致贺合影。

第8届番禺星海合唱节闭幕式上，有记者问我的观感，当时我说了两点意见。一是番禺的合唱现在广度是有了，要注重深度，提升高度，要开始理性的思考和研讨。除了比赛，还应有展演和交流，有学术探讨，使之有序地持续发展。二是番禺区要带头弘扬星海精神，要演唱星海所有的合唱作品，承担起传承的责任！

南方日报：《黄河大合唱》在广州的传唱情况如何？

苗向阳：广州作为“星海故里”备感荣幸，同时作为获“世界合唱之都”殊荣的一个城市也备感压力。但值得自豪的是，在1995年冼星海诞辰90周年之际，广州市委市政府举办了15000人的《黄河大合唱》！至今仍是空前绝后，令海内外合唱界叹为观止。

2015年6月11日晚，广州市合唱协会策划并发起组织“人民音乐家冼星海与不朽名作《黄河大合唱》赏析音乐会”，由广州市文广新局和星海音乐学院共同主办，在星海音乐学院音乐厅隆重举行，由“星海”学子演唱全套《黄河大合唱》。在演出前，特邀《黄河大合唱》词作者光未然（张光年）之子张安东、曲作者冼星海之女冼妮娜追忆父辈的友谊及共同创作《黄河大合唱》的感人故事。6月13日是冼星海诞辰110周年纪念日，省市合唱界数百人前往星海园献花，祭奠人民音乐家冼星海，并再次唱响《黄河大合唱》，告慰星海英灵——您故乡人民一定弘扬星海精神，传承黄河不屈不挠、伟大而又坚强的中华民族优秀品格！

第三只眼看番禺

音乐魅力永驻

少年时代的经历足以影响人的一生。作为对少年星海影响最大的人，他的母亲黄苏英给了他最初的音乐启蒙。

黄苏英长期生活在禺南一带，接触到的主要是沙湾何氏音乐等粤剧、粤曲，这些音乐表现形式必然对冼星海音乐思想体系的形成产生了潜移默化的影响。冼星海的部分作品中浓郁的禺南乡土气息就是具体的表现。

儿时的经历不仅影响了冼星海的音乐风格，更直接造就了他自强不息、不屈不挠的性格。长大之后，冼星海放弃国外优良的生活条件，回到自己贫苦多难的祖国，投入抗日救亡运动和民族解放战争之中；不顾恶劣的环境，坚持深入一线，用音乐反映劳动人民的真情实感；连续几天几夜不眠不休，坚持完成音乐创作……可以说没有幼年时经历的磨难，就不会有这么一位不畏艰难、迎难而上的音乐大师的出现。

时代在变迁，音乐的魅力永远不会褪色。冼星海和他的音乐作品中体现出来的那种奋发向上、自强不息的精神也永远不会过时，永远值得我们铭记，值得我们去发扬光大。

（本章采写／刘怀宇）

第二章

"星"火相传：不落幕的星海文化

核心提示

文化是一座城市的灵魂。亚里士多德曾经说过："人们来到城市是为了生活，人们居住在城市是为了更好地生活。"而生活并不只是依靠于物质财富的堆砌。面对如今被科技异化的城市，文化已是必不可少之物。如果理性与科技是支撑一座城市的框架，那么感性与文化则是丰富一座城市并使之充满鲜活持久动力的源泉。

在经济和信息时代，文化日益成为城市核心发展动力。培育和树立社会主义核心价值观，文化的作用尤其重要。它为提升城市精神，增强城市各阶层群体的归属感和认同感，增强凝聚力和向心力，调动人们的积极性和创造性，提供了强大的精神动力。

从1995年到2015年，在番禺这片冼星海的故土上，星海艺术节已经走过了漫长的20年岁月。从最初的小合唱形式到如今的文化盛宴，星海艺术节逐渐成为番禺地区的文化品牌，成为市民心中的精神力量。在这20年里，星海文化悄然间成为了地区的品牌代言。

在本章，番禺区文化部门前任“掌舵人”越良钊、现任“掌舵人”何穗鸿等将带领我们忆往昔，看今朝，领略番禺悠久的历史文化，看番禺如何培育文化品牌，将地区的名人效应与品牌价值突显出来。一个魅力十足而又充满时代气息的鲜活形象正在番禺这片土地上孕育而出，赋予星海精神新的定义，注入新鲜的血液。

对　话

司徒彤：星海音乐是中华民族战斗呐喊的最强音

（司徒彤，原番禺县委宣传部副部长兼文化局局长）

》》印记

南方日报：您曾经写过一篇史论文集《人民音乐家冼星海》，能否介绍一下冼星海的生平？

司徒彤：简单说，星海的生平主要是出生、求学及报国这几个阶段。1905年6月13日，冼星海诞生于一个贫苦渔民的家庭。星海是在一个深夜的海上渔船里降生的，出生时船上除了几件破烂的衣服便空无一物，只有白茫茫的大海和天上闪闪的银星，母亲黄苏英便给这个苦命的孩子起名“星

冼星海老师保罗·杜卡（吴雍提供／FOTOE）

海”。星海的名字很美，很有诗意，其实却是渔民苦难的印记。

之后，冼星海相继考进岭南大学文科院和北京大学音乐传习所，学习音乐理论及小提琴。1929年冬，冼星海离开上海，于1930年到达法国，后历尽艰辛，考进国立巴黎音乐学院高级作曲班，先后师从著名小提琴教师奥伯多菲尔和著名作曲家保罗•杜卡。为了维持生活，他坚持边学习边做工，当过饭店的跑堂、洗碗工和修指甲店的杂役，并曾几次在大街上饿昏，幸好遇到好心的流浪者，才没有被扫尸车拉走。

1935年，占领了东三省的日本侵略军，又准备大举侵犯我国其他领土。祖国的存亡、民族的灾难、人民的疾苦，使立志救国的星海舍弃了在巴黎的声誉和即将就业带来的美好生活，毅然回到祖国，投身抗日救亡运动。

1940年5月，冼星海出发去苏联为《延安与八路军》影片配乐前，与鲁迅艺术学院师生的合影。当中为冼星海，身边是钱韵玲抱着妮娜（吴雍提供／FOTOE）

1938年10月，冼星海与钱亦石（介磐）的女儿钱韵玲结婚。同年11月，由于国民党消极抗日，压制抗日救亡运动，第三厅工作受到严重阻碍，冼星海遂接受鲁迅艺术学院的邀请，奔赴延安，在鲁艺音乐系担任作曲、指挥课老师，1939年7月任音乐系主任。1939年6月，冼星海加入了中国共产党。

1940年5月，冼星海告别夫人钱韵玲和出生不久的女儿冼妮娜，前往苏联为大型纪录片《延安与八路军》配乐。其间，星海由于极度劳累，患上了严重的肺结核、肺癌、心脏病。即便如此，他仍以钢铁般的意志，写完了最后一部作品《中国狂想曲》，奉献给祖国人民。1945年10月30日，冼星海病逝于莫斯科。1983年，我国政府将冼星海的骨灰迎回祖国。1985年11月，冼星海安眠在故乡广州的麓湖星海园内，永受后人瞻仰。

》》谱曲

南方日报：您怎么评价冼星海和他的作品？

司徒彤：冼星海是一位继承我国民族音乐的优秀传统，汲取西洋音乐的精华，开辟我国革命音乐的新道路，能用中文、英文、法文、俄文进行音乐理论创作并取得杰出成就的音乐家。

冼星海的一生为中国人民和世界人民创作了大量的交响乐作品、大合唱、歌剧及500多首歌曲，留下了近40万字的音乐理论和其他著述，成为中华民族的宝贵财富。几年前，广东高等教育出版社出版了《冼星海全集》。冼星海的爱国精神和无私奉献的精神，铭记在中国人民的心中，永远是我们学习的楷模。

我记得有音乐家这样评价冼星海：他的充满革命激情而非常完美的歌曲，在抗战时期给予亿万人民巨大的精神鼓舞；他塑造的许多优美的音乐形象，成为中华民族近百年来追求独立解放的伟大斗争的光辉记录。

南方日报：您刚才提到，冼星海的音乐充满革命激情和爱国精神，能否举例谈一谈？

司徒彤：冼星海在延安期间，是他一生中音乐创作最旺盛、最成熟的时期。他以磅礴的气势、雄浑的旋律，创作了我国音乐史上划时代的巨作《黄河大合唱》，还有《生产大合唱》《牺盟大合唱》《九一八大合唱》以及歌剧《军民进行曲》等100多首革命歌曲。这些作品，充满革命乐观主义精神，成为中华民族战斗呐喊的最强音。

1939年7月，延安鲁迅艺术学院为欢迎周恩来同志从重庆归来举行文艺晚会，冼星海同志亲自指挥演出《黄河大合唱》。雄伟的气势，感情奔放的旋律，展现出抗日战争的壮丽图景，反映了中国人民英勇斗争的无畏气概。演出结束，周恩来同志激动地握着星海同志的手，祝贺演出成功，并挥笔写了“为抗战发出怒吼，为大众谱出呼声”的题词，集中、精辟地

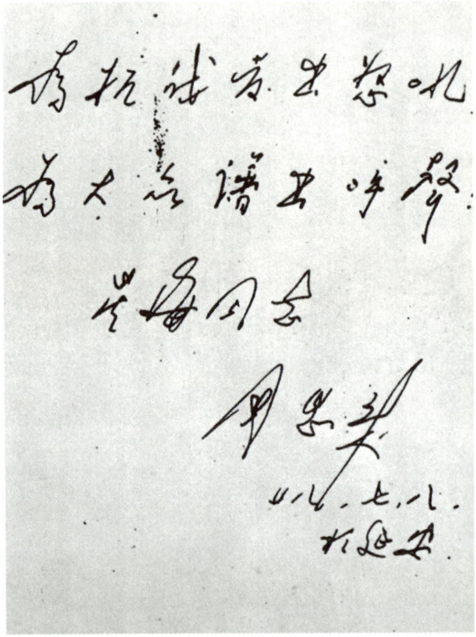

1939年7月8日，周恩来为冼星海题词："为抗战发出怒吼，为大众谱出呼声。"（吴雍提供／FOTOE）

展示了冼星海是抗日救亡的文化巨星，概括了星海同志战斗性、民族性、群众性的音乐风格。

》》寻根

南方日报：冼星海的夫人钱韵玲和女儿冼妮娜在20世纪80年代初曾经回到番禺寻根，您是否还记得当时的情况？

司徒彤：钱韵玲在杭州文化局工作时，是中国音乐家协会杭州分会的名誉主席。那是1982年，"羊城音乐花会"之后，钱韵玲、冼妮娜母女第一次回到了星海的故乡番禺。她们在时任广东音协主席李鹰航及县有关部门领导的陪同下，参观了市桥镇郊菜农新村、石岗大队、莲花山等地。

星海诞生于番禺的贫苦船民之家。昔日漂泊水上的人家，当时在那高高的山坡上，已建起了一幢幢别墅式的新楼。近郊的农村，一个有120户人家的大队已建成了105幢三层的新楼，每户住房都在200平方米以上。当地农民之富，当时在全国是名列前茅的。她们还游览了坐落在莲花塔旁临海的莲花城——这座在鸦片战争时期成为第二道防线的城堡正准备施工维修，它将成为对后代进行爱国主义思想教育的生动教材。

看到当时番禺欣欣向荣的景象，她们赞不绝口。冼妮娜表示：“这是我的故乡，今后争取多回来。”县委负责同志还向母女俩介绍了番禺当时的状况和远景规划。听着，听着，她们眼圈就红了，仿佛在说：若是星海能看到这一切就好了……

冼星海纪念馆里的星海塑像（资料图片）

冼星海在延安时的居所陈列（资料图片）

南方日报：1982年之后，钱韵玲和冼妮娜还有没有回过番禺？

司徒彤：从20世纪80年代开始，冼星海的夫人和女儿便借多种机会回到番禺看看，女儿冼妮娜更是常常回家。那是一种情结、一份情怀……

1985年，“冼星海诞辰八十周年纪念大会”举行，钱韵玲和冼妮娜第二次回到番禺。随后，1997年、1998年、2005年、2007年以及2014年，冼妮娜都曾回过番禺。

我印象比较深的是2005年。当年6月13日是冼星海诞辰100周年，冼妮娜应邀再度回到番禺，参加番禺区冼星海百年诞辰纪念活动，为新落成的冼星海纪念馆揭幕剪彩，并在市、区领导陪同下参观。冼妮娜看到熟悉的照片和遗物，不断和领导、嘉宾们讲述每一张照片背后的故事。冼妮娜表示家乡人民为父亲建这么漂亮的纪念馆，父亲在番禺真正有个“家”了，以后她会经常回这个家里来。

越良钊：我们要培养第二个冼星海

（越良钊，广州市番禺区人大常委会原主任）

》》形式

南方日报：据我了解，您在1986年担任文化部门负责人的时候，番禺就曾举办星海艺术节，您是否还有印象？

越良钊：那时候番禺还叫番禺县。1986年9月份，县里成立了星海艺术节筹备小组，我是小组的副组长，当时我还买了一本冼星海传记来学习和参考。经过三个多月的筹备，首届星海艺术节在1986年12月举办。

首届星海艺术节开幕式的讲话是我讲的，我印象非常深刻。当时没有稿子，我讲了不到5分钟，主要是说这个艺术节是为了纪念伟大的音乐家、

1986年的星海艺术节（资料图片）

民族艺术家冼星海，他是我们番禺一个很光荣的历史人物等等。另外一层意思是，我们纪念冼星海，是要弘扬他的精神，继承他的事业。

当时，县里通过报纸、广播宣传冼星海的生平事迹和作品。星海艺术节期间还举办了一系列活动，包括冼星海作品演唱和研究、书法绘画和摄影展等。

南方日报：当时为什么要举办星海艺术节？

越良钊：冼星海是一个伟大的音乐家，在国内和国际上都非常有影响力。他还是一位爱国英雄，曾经用音乐创作激励了一批批爱国志士。而番禺是冼星海的故乡，冼星海在入党申请书上填写的祖籍就是番禺。我们想，星海精神一定要传承和弘扬下去，冼星海的故乡番禺责任非常大。举办星海艺术节就是一种责任。

其实，1986年之前，广州市还有番禺县都举办了很多民间和官方的冼星海纪念活动。1983年，冼星海的骨灰从莫斯科运回番禺，番禺县邀请了当时著名雕塑家林毓豪为冼星海塑像。不过，1985年，冼星海骨灰被移到广州市麓湖公园。同年，广州市在该公园修建星海园，建成冼星海墓。

林毓豪雕刻的星海像最终立在了市桥人民公园，后来市桥人民公园改名为“星海公园”。1985年番禺县举行的“纪念冼星海诞辰80周年”活动就是在这个公园。当时，中央宣传部、文化部官员都来了，主席台嘉宾席都不够位子坐，可见星海音乐和星海精神还是非常受重视的。这些都给我们举办星海艺术节提供了动力。

》》基础

南方日报：通过举办星海艺术节等形式不断地宣传、弘扬星海精神，现在星海音乐和星海精神在番禺的群众基础如何？

越良钊：从番禺县到番禺市再到番禺区，20多年来番禺行政级别上改了三次，但星海艺术节一直举办了下来，并成为番禺的一个文化品牌。这说明星海音乐和星海精神已经深入番禺人民的心中。

现在，冼星海的名字可以说是家喻户晓。番禺名人很多，但知晓率最高最"可喜"的就是冼星海，甚至青少年这一代都知道冼星海的名字，都会唱冼星海的作品。我自己就听过小学生在放学回家路上一起唱《黄河大合唱》。

广东的传统民俗活动如醒狮、龙舟等，大多都是中老年人参加的，但星海艺术节不同，从幼儿园到小学到中学的学生，都以星海这个响当当的名字为豪。受到星海音乐的影响，番禺的合唱群众基础也非常深厚。企事业单位不定期举行星海音乐合唱比赛，我自己都参加过好多次。虽然大家都是业余的，但热情非常高。现在每天早上在公园里还能看到不少人练声。

当然，冼星海在番禺家喻户晓也并不只是因为星海艺术节。番禺是冼星海的故乡，番禺在宣传冼星海上下了不少功夫。番禺有一座公园和一所中学以冼星海的名字命名，番禺博物馆内还有一座全国最大的冼星海纪念馆，里面有300多件复制文件、实物及100多件图片、雕塑等，还有音像文献电视片和大量冼星海同学、朋友、亲属等的访谈等资料。

》》精神

南方日报：*您刚才反复提到要弘扬和传承星海精神，您怎么理解和解读星海精神？*

越良钊：用我们现在的话来说，星海作品和星海精神充满了正能量。在那个动荡的年月和艰苦的环境下，他的作品曾经鼓舞了一代人，即使在今天，这些作品依然是一笔宝贵的精神财富。

冼星海出身贫寒，最终通过自己的努力成为著名的人民音乐家。抗

番禺星海合唱团、东环动漫合唱团、石楼合唱团在番禺区第七届星海艺术节开幕式上共同演唱冼星海作品《保卫黄河》（王丰　摄）

日战争爆发后，冼星海谢绝了巴黎音乐学院的挽留，毅然回国投入抗日救亡，并创作了《到敌人后方去》《黄河大合唱》《军民进行曲》等许多爱国音乐作品。勤学认真、热爱祖国、自强不息等都是星海精神的内涵。

再者，我们举办星海艺术节，举办星海作品演唱活动，不断提倡传承和弘扬星海精神，目的是什么？当然是学习星海精神，丰富我们的精神文明内涵。另外，我认为通过弘扬星海精神还要实现两个非常重要的目标：一是要产生有深远影响和广泛群众基础的文化艺术作品，不仅是音乐，也包括绘画、书法、摄影等其他文化艺术作品；二是音乐人才不能断，有人才才能创作出有影响力的作品。总之，我们要培养第二个冼星海。

我还想说最后一点，冼星海到底是归南沙还是归番禺？有一点可以肯定的是，冼星海是番禺人。我的观点是，不管他是南沙的也好，番禺的也好，冼星海是中华民族的，冼星海的音乐是世界的。所以，冼星海精神我们还是要弘扬，音乐艺术节我们也会一直办下去。

何穗鸿：把星海艺术节当作一场群众的文化盛宴

（何穗鸿，广州市番禺区文广新局局长）

》》创新

南方日报：星海艺术节已经成为番禺的品牌文化活动之一，您怎么理解它的品牌内涵？围绕这个品牌，在时代发展中番禺该如何进行创新？

何穗鸿：星海艺术节如今是番禺的一个品牌、一个形象。我们希望能够继续大力弘扬星海爱国主义精神，具体通过举办星海作品与广东音乐大家谈、米亚朗诵剧《冼星海》歌乐诗欣赏会等与人民音乐家冼星海有关的文化活动，显示番禺区委、区政府对培育星海文化品牌的决心。

2013年9月25日晚，番禺区第八届星海艺术节活动之一——米亚朗诵剧《冼星海》在区会议中心上演（杨达超　摄）

2014年11月4日，番禺区星海合唱节系列活动之“星海作品与广东音乐大家谈”在沙湾文化中心举行（陈志参　摄）

星海艺术节每两年举办一次，这就是一个品牌。星海艺术的品牌核心是合唱艺术，那么星海艺术节中，合唱肯定是其中的基调。

随着合唱节的名声越来越大，在举办这么多届合唱节后，2014年广州举办了星海国际合唱锦标赛，将我们星海的品牌又向前推进了一步。所以，星海艺术节作为品牌文化活动不仅是番禺的，也会是广东的、全国的、国际的。

但是一个节或一次比赛毕竟只是形式而已。番禺是冼星海的故乡，想要树立品牌文化，光靠一个艺术节或者一次合唱比赛肯定不行，还需要继续创新和丰富内涵。

首先每一届都要有一些新的东西，像这一届就加入了中国梦、新岭南文化等。艺术节成为番禺人艺术活动的载体，希望能够把艺术的东西融入人们的生活中去。再则就是需要创新，将传统的东西与新的东西进一步融合，比如广东音乐与冼星海的关系，还需要进一步挖掘。2014年举办的“星海作品与广东音乐大家谈”就是一个创新。

从反馈上来看，当然是很不错的，作为广州市一个区的活动，它的主要影响力还是在本地区，但是星海艺术节不仅在区里取得了好的成效，还扩大了影响，在整个广东乃至国际上都有了不俗的反响。

》》惠民

南方日报： 目前，星海艺术节已举办了近20年，这么多届星海艺术节有没有形成一个主题或者核心？

何穗鸿： 虽然每一届都有自己的主题，但是有一个万变不离其宗的主题和核心，那就是合唱。不仅如此，到现在我们还专门举办合唱节，将其从星海艺术节中单独列出来，可见合唱在星海艺术节中的地位。

当然每一届都会有自己的特色与创新，比如第六届的合唱节给我很深的印象。那次恰逢党的生日，全区各个镇街有很多队参加，共100多支队伍，这样的参赛数量是前所未有的，并且大多数参赛队伍都是业余的，唱的曲目多以革命歌曲或者冼星海的作品为主。

另一个令人印象深刻的就是2009年的星海艺术节，一般艺术节都只举办半个月到一个月，但当时艺术节整整持续了5个月之久，成为举办时间最长的一届。其间举办了6个系列活动，全部是免费的。

南方日报： 如今，在番禺群众眼里，星海艺术节意味着什么？星海艺术节为番禺群众带来了什么？

何穗鸿： 通过艺术节让群众们参与进来，组织业余合唱团，欣赏艺术表演，参观艺术展览，以各式各样的活动丰富市民的文化生活。

例如我们举办过一个“羊城九老”的画展（羊城九老即李筱孙、叶泉、许固令、卢德平、陈永康、招炽挺、黄树文、陈永锵、陈孝能）。

2009年，番禺区第六届星海艺术节闭幕式（谭若锋　摄）

2008年12月4日下午，广州番禺星海合唱节开幕式暨“星海杯”合唱比赛在星海音乐学院星海音乐厅举行。图为贵州黎平侗族大歌艺术团的表演（谭若锋　摄）

这“羊城九老”都是60岁以上的退休岭南杰出画家，而番禺也是岭南画派“二高一陈”（高剑父、高奇峰和陈树人）的故乡。这九老团结一心，为了岭南美术的发展，一直创作到现在，体现了岭南人的团结和摒弃商业化的一些东西。这次画展也是为了把这种精神传达出来。

坚持、艰苦、团结，这些岭南人民所具备的传统美德在他们身上、在他们的画作中得到了体现。中国梦是什么？这些画家的梦是什么？市民们通过画作去感受领悟，提升自身的素养。除了中国传统文化，艺术节中还融入了西方文化，让中西方文化在这里交汇碰撞。比如邀请爱乐乐团等国际知名乐团进行专场演出，让群众拓宽视野，感受现代文明带来的多元化。

在艺术节期间，各个镇街都会组织相应的文化活动，让更多的市民参与进来，切实地感受艺术节的氛围。据我了解，2015年就有8—10个镇街参加活动。通过镇街间的互相比赛、互相交流，丰富他们的文化生活，增强群众们的文化意识。

》》传承

南方日报：您理解的星海文化是什么概念？如何打好星海艺术节这张牌，传承星海文化？

何穗鸿：我觉得应该把星海艺术节当作一场群众的文化盛宴，让他们乐在其中。首先，每个地方搞艺术节都是地域性的。每个地方的艺术节肯定是以为当地的民众服务为定位，而不是站得很高。站在国际高度那肯定是不可能的。

第二是要服务于市民，现在最主要的就是惠民。活动肯定要贴近市民，雅俗共赏，这也就决定了策划活动的方向。每一届的亮点都要思考，比如这一届的惠民活动，我们来惠民，我们来派票，还有节俭办艺术节等等都是它的特点。

最后就是各个镇街将活动与中秋、国庆结合起来，与自己的特色结合，比如沙湾古镇的一个大型灯会，便是结合其古镇的特色而举行的。

传承星海文化，除了紧抓星海这个品牌，我觉得还可以延伸，要立足于广东音乐的发展与传承。无论是找名家还是通过比赛，希望能够创作一批新的作品，供人们传唱。另外就是创作人才的培养。以前的“何氏三杰”都是从自娱自乐开始的，我们要做的就是从小培养人们对广东音乐的兴趣。

而广东音乐与冼星海有什么关系呢？我们可能知道的只是那么几首最出名的，其实冼星海一生创作了1000多首，很多都还没有被人们演奏传唱过。那么我们现在是否可以整理一下，看看他的作品与广东音乐有关系的有哪些，再把这些作品挖掘出来，重新编曲、录制、演奏，让它们得以流传。这就从惠民层次上升到了专业层次。

最后，希望这个艺术节能够坚持继续办下去，并在每一届举办出不同的特色，让群众继续享受一场真正的文化盛宴。

让番禺文化历久弥新

城市既是神圣的精神世界，也是世俗的物质世界，那么城市文化就不该仅仅是物质层面上的东西。在《城市文化》一书中，作者曾经写道：“城市这个环境可以促使人类文明的生成物不断增多、不断丰富。城市这个环境也会促使人类经验不断化育出有生命含义的符号和象征，化育出人类的各种行为模式，化育出有序化的体制、制度；城市这个环境可以集中展现出人类文明的全部重要含义；同样，城市这个环境，也让各民族各时期的时令庆典和仪节活动，绽放成为一幕幕栩栩如生的历史事件和戏剧性场面，映现出一个全新的而又有自主意识的人类社会。”

城市文化是伴随这个城市的各种环境而形成的。刘易斯•芒福德说了一句名言：“城市是文化的容器。”作为一个文化重镇，番禺亦是如此。

番禺有着悠久的文化历史，作为岭南文化的发源地之一，其文化氛围以及底蕴毋庸置疑。但历史终究只是过去，如何更好地利用这些资源以及优势，将该地区建设成一个全面发展的地区，具备现代城市所应有的实力与水平，则是当下我们应该思考的。

作为冼星海的故乡，利用冼星海的名人效应在短时期内确实能够为番禺地区带来一定的关注度，对其文化建设也能够起到一定的效果。但只依靠星海品牌却又略显单薄，要培育一个地区的文化品牌，使其成为一种精神象征是一个漫长的过程。从一种文化形态的选定、推广再到形成必定不是一朝一夕所能完成的，在制定发展规划时需要的是领导者们长远的眼光以及全面的认识。

我们看到，如今的番禺已逐步形成属于自己的文化品牌并卓有成效，这当然是全区人民一起努力的结果，但是这并不是全部。要使这种文化具有持久的生命力和凝聚力，需要我们进一步去发现、创造。

将番禺的本地文化尽可能多地挖掘出来，使之与时代接轨，让文化发展与快速变迁的社会相匹配。我们看到的将不只是一个冼星海的故乡，而是一个真正被赋予了独特文化标志的城市，一个兼具经济与文化、理性与感性、刚硬与柔软的大众化城市。

（本章采写／詹鹏飞）

第三章

璀璨番禺：营造耀目文化『星海』

核心提示

时至今日，世界各国愈益认识到了文化这个决定发展后劲的软实力，许多发达国家的文化产业在规模上渐成支柱，以“朝阳产业”的姿态屡创奇迹。文化引领发展、引领风尚、引领时代，越来越成为民族凝聚力和创造力的重要源泉。

然而，文化建设不仅需要大力宣传，更加需要实实在在的平台和载体。番禺星海艺术节是一个很好的文化教育合作平台。在艺术节上开展的一系列主题文化活动，不但让老百姓享受到实实在在的文化发展成果，也有力地擦亮了星海文化这一块金字招牌。

“一枝独秀不是春，百花齐放春满园。”在本章，番禺区“星海家族”成员——星海文化品牌培育的践行者，将为我们献上考虑周详的“战略布局图”，展现番禺在星海文化发展建设中的努力，凸显“星海家族”的群众文化影响力。

对　话

曾昭明：培育文化品牌首先考虑“爱国”定位

（曾昭明，冼星海纪念馆馆长）

》》核心价值

南方日报：请介绍一下冼星海纪念馆建设的由来、展品及展览情况。

曾昭明：冼星海祖籍番禺，是中国现代杰出的作曲家、指挥家、音乐理论家和音乐教育家。为了弘扬冼星海的革命精神，培育星海文化品牌，2001年番禺区委、区政府投资700多万元兴建冼星海纪念馆。冼星海纪念馆设于番禺博物馆首层，2005年6月13日冼星海诞辰一百周年之际落成并正式对外免费开放。

冼星海纪念馆展区面积3300多平方米，是国内外唯一全面反映中华民族杰出音乐家冼星海丰功伟绩、非凡乐章的纪念馆，展馆内设有多功能厅、星海资料信息、纪念品商店。

冼星海纪念馆分为“序”“星夜的大海”“为音乐艰苦奋斗”“为民族发出怒吼”“新音乐运动的旗帜”“魂系祖国”“时代的音乐巨人”七部分。以展品、照片、模型、绘画、雕塑、声像多媒体、景观等不同的展

冼星海纪念馆外观（资料图片）

陈手法，描绘了冼星海的不凡人生和音乐风采。

展区采用多媒体导览、等离子显示屏幕、语言导览机、红外线遥感聚焦式扬声器等装置。多媒体触摸屏中的内容，除冼星海的生平、年表、作品外，还有视听播放、演奏欣赏等。

为了更好地展示冼星海的风采，冼星海铜像于2011年初在冼星海纪念馆门前的广场落成。

冼星海纪念馆从2005年开馆以来，共接待国内外观众逾158万人次。

南方日报：在培育星海文化品牌方面，冼星海纪念馆是如何考虑的？

曾昭明：一是品牌价值定位。

培育星海文化品牌，首先是要定位该文化品牌的核心价值，而且品牌核心价值一旦确定，就应该持之以恒地维护和宣传。在筹建冼星海纪念馆之初，我们专门组织专家学者深入调研，挖掘星海精神、广东音乐和番禺文化的深刻内涵以及三者的契合点，结合时代意义，强调“爱国奉献”“艺术气质”和“地方特色”。

冼星海是中国近现代音乐史上一位伟大的人民音乐家，他坚持并发展了从聂耳开始的革命音乐传统，以更广阔的题材、体裁和更丰富的艺术手法，深刻地反映了中国人民革命和民族解放的伟大现实，创造了一系列具有强烈时代精神、鲜明民族风格和富有独创性的音乐作品，在人民群众中产生了广泛而深远的影响。广东电视台高级音乐编辑刘智忠说：“冼星海所创作的音乐作品大部分体现出中华民族的灵魂。”正是因为他的民族音乐观，《黄河大合唱》成为了中国抗战音乐“里程碑式的划时代巨著”，《民族解放交响乐》成为“我国第一部民族交响乐”。还有一点很重要，冼星海的音乐成就离不开他对广东音乐的吸收继承和创新发展。番禺不仅是冼星海的出生地，也是广东音乐的发源地之一，星海精神和星海音乐都烙上了番禺文化印记。

因此星海文化品牌的核心价值其实是“爱国奉献、坚毅奋进”的民族精神、“求真务实、崇高创新”的艺术精神和岭南文化三者的有机结合。这个文化品牌从核心价值被确定之初就具有高度的差异性（或者说是辨识度）和广阔的包容性。

二是宣传推广。

加深与传统媒体合作，拓展媒体宣传的深度和广度，并积极建立新媒体宣传方式。每当有展览或者主题活动时，围绕星海品牌文化的核心价值，多途径开展品牌宣传活动，营造一个高雅的文化环境，培育公众对文化品牌的信任度和忠诚度。2012年，番禺博物馆配合广州电视台经济频道拍摄了《广州这个地方》栏目中的两个特辑，其中一个特辑就是《星海的故事》。这个特辑无疑是大众了解星海精神的一个窗口，也为扩大星海文化品牌影响力迈出了重要一步。

2013年7月，在开展“番禺区首届青少年文化季•番禺博物馆送展到基层”活动中，我们精心制作了“冼星海生平事迹图片展”“聂耳生平事迹图片展”，在大夫山森林公园展出，受到了群众的热烈欢迎。我们还专门制作了16套“人民音乐家冼星海生平事迹图片展”展板，送到各镇街学校流动展出。这不仅受到了师生们的好评，还让星海精神在年轻一代的心里生根发芽，让他们以星海的精神勉励自己奋发前进。还有2013年的“广州文化公园冼星海生平事迹图片展”，不仅受到市民的欢迎，还受到市领导的嘉奖。2014年举办“唱响中国梦•番禺区2014星海合唱节”6大系列11项活动中的“冼星海回延安”音乐交流活动和“寻找星海的足迹——人民的音乐家冼星海生平事迹图片展”，不仅宣传了文化品牌，也大大推动了两地的文化交流合作。此外，我们还定期在珠三角地区举办“冼星海生平事迹图片展”等巡展活动，进一步辐射品牌影响力。

我们在开展星海文化特色品牌活动中，不流于形式，努力扩展群众参与文化活动的自由度，点燃群众对我们文化的认同感、归属感和自信心，逐渐传播了星海文化品牌的核心价值，真正做到了为人民服务。

当然，培育星海文化品牌的过程中，还要考虑以人为本。这里的“人”包括两个方面：对外是观众，陈列展览和教育活动以他们的需要为主导，开拓创新，立足服务；对内是人才，加大科学管理和技能培训的力度，让人才建设带动我馆的发展和品牌的运营。

》》平台作用

南方日报：在传承、传播星海文化中，冼星海纪念馆发挥了怎样的作用？

曾昭明：首先，冼星海纪念馆是番禺区委、番禺区政府和番禺区文广新局致力于培育文化强区和岭南文化传承区，全力支持和加强公共文化服

冼星海纪念馆的主题展览（资料图片）

务体系建设而搭建的一个展示平台，为星海文化品牌的成长提供了基础性保障。

其次，冼星海纪念馆是个交流平台。2011年9月，冼星海纪念馆与聂耳纪念馆结为友好兄弟馆的活动在这里举行；2013年9月，在番禺区第八届星海艺术节期间，番禺博物馆举办“冼星海与广东音乐大家谈”活动。这些品牌活动深受人民群众的喜爱，突出了“名人故里”的文化特色，还提升了番禺区的文化品位，扩大了品牌效应。

最后，冼星海纪念馆是个体验平台。教育是博物馆传播文化、服务社会最主要的职能和手段，而传统的展示和说教已经不能满足人们的需要了，体验式的宣教方式更人性化，也能兼顾人们特别是青少年的兴趣爱好。“番禺博物馆小小讲解员培训班”等体验式活动就是在这里开展的。该主题活动不仅培养了少年儿童对番禺历史文化和冼星海爱国事迹的兴趣，还提高了他们的思想认识和沟通水平。

2015年为纪念中国人民抗日战争胜利70周年、冼星海诞辰110周年，大力弘扬星海爱国精神，擦亮番禺的星海文化品牌，冼星海纪念馆已着手升级改造工程，进一步发挥纪念馆在文化传播和教育服务方面的作用。

郭东旗：文化团体要成为文化交流的使者

（郭东旗，番禺星海合唱团团长）

》》星海精神传声筒

南方日报：成立十余年，番禺星海合唱团获奖无数，享誉海内外，合唱团是如何成长的呢？

郭东旗：番禺星海合唱团成立于2002年5月，一开始是由几个音乐爱好者组建的，当时有60余人。团员来自各行各业，老板、工人、公务员、医生、老师都有。如今，合唱团走过了13个年头，团员也有更新和发展。合唱团先后有150多名成员，有的团员成长以后又带出新团队。

番禺星海合唱团虽然是业余的团体，但我们克服困难走过13年，这是平凡而又不简单的13年，它是一种追求，是一份坚持、一份感情、一个使命。首先，我们有着对艺术的追求。我们坚持团员每年业务考核。每一次完成新作品，听着美妙的和声是我们最大的满足。第二，我们有着执着的坚持。团员踏踏实实每周四晚排练，就像每周一次的约会，13年来从未间断，风雨不改，有演出任务时更会加班加点。第三，我们有着良好的传统制度。包括每年举行的“星海之声”新年音乐会，完善新团员考试准入制度和老团员退休制度等。第四，我们有一个起决定作用的核心团队，包括优秀的指挥、钢琴伴奏、一班团干部以及30多位坚持了13年的老团员。第五，我们对星海合唱团都有一份真挚的感情。每个团员都以星海合唱团为荣。第六，我们有一个使命：传颂星海精神，为番禺的星海文化品牌添砖加瓦。

在多年的比赛和表演中，番禺星海合唱团不断积累经验，汲取合唱知识和技巧。其间获得了不少奖项，同时和海内外的合唱团建立了良好的互动关系。

以近年为例，2012年11月，番禺星海合唱团参加（广州）星海国际合唱锦标赛获得铂金奖；2014年7月赴拉脱维亚参加第八届世界合唱比赛，获得室内混声和室内女声世界合唱冠军组别的两枚银牌。

南方日报：唱响冼星海著名作品，是传承星海文化的一大形式，可以说，番禺星海合唱团是星海精神的传声筒吗？

郭东旗：合唱，是传颂星海精神的主要形式。在冼星海的故乡，以星海命名的合唱团，必然要唱好冼星海的作品，以弘扬星海精神为己任。

》》番禺文化建设的名片

南方日报：在培育星海文化品牌中，番禺星海合唱团有哪些具体探索？

郭东旗：番禺星海合唱团已被中国合唱协会评为5A级合唱团。如今，番禺星海合唱团已成为番禺文化建设的一张亮丽名片，成为番禺群众文化的一面旗帜。在这过程中，我们主要从三方面探索：

一是扎根地方，深入群众，夯实地方文化。

番禺星海合唱团不仅坚持排练，不断提高演唱业务水平，还致力于合唱艺术在地方的普及。一方面，我们积极配合市、区开展各类公益宣传活动，如举办星海国际合唱比赛、禁毒宣传、军民共建、录制区文明歌曲等。2014年参加了番禺区星海艺术节六项活动。另一方面，我们又主动深入群众，多次走进社区，走进单位与企业，走进学校，走进军营，走进广场，开展合唱艺术活动，宣传健康文化，在社区居民中产生了良好反响。

二是走出番禺，握手世界，成为文化交流的使者。

番禺星海合唱团以歌会友。2011年，番禺冼星海纪念馆与玉溪聂耳纪念馆结成友好兄弟馆，番禺星海合唱团参与了缔约仪式，与云南玉溪的文艺工作者分别演唱了两位人民音乐家的代表作品，为简单的签约仪式增色不少，进一步扩大了番禺文化建设的影响。2014年，组团到延安开展“寻找星海的足迹”——冼星海回延安活动，与鲁艺纪念馆进行合唱交流活动。2007年，番禺星海合唱团到法国参加法国第18届合唱艺术节，其间与法国渔夫合唱团建立深厚友谊，促成了渔夫合唱团的中国行，并参加了第一届星海合唱节。2010年8月，番禺星海合唱团作为主力团队，与多国华人合唱团一起，在奥地利维也纳金色大厅唱响《黄河大合唱》，受到海内外人士的热烈欢迎。2013年10月，在星海少年宫与法国海鸥合唱团、广州老干合唱团、广州大同女子室内合唱团、东环动漫合唱团一同举行合唱晚会。同年12月，代表番禺区与德国耶那市交响乐团合作演出，成为两地友好城市交流的纽带。

2014年10月29日，番禺区星海合唱节系列活动之“寻找星海的足迹——人民的音乐家冼星海生平事迹图片展”在延安鲁迅艺术学院旧址举行（曾昭明　摄）

三是扩大合唱队伍，推动成立番禺星海合唱协会。

在番禺区委、区政府多年的重视和推动下，星海合唱团不断发展，区内已经形成良好的群众合唱基础。学生团、企业团、老年团都很多，2014年番禺星海合唱团牵头，努力推动成立了番禺星海合唱协会。番禺星海合唱协会以番禺冼星海纪念馆为基地，让各个合唱团都有了家的感觉。番禺星海合唱协会是广州市第一个区级的合唱协会，它的成立让更多的团体团结在星海的文化品牌下面，让星海文化品牌不断发展壮大，组织各方面的力量推动合唱事业发展。通过合唱扩大番禺的知名度，为番禺更多的人参与健康的文化活动提供平台。

在广州，在番禺，一提起番禺星海合唱团，人们多有赞誉之词。一方面，只要听过合唱团演唱的群众，都喜欢我团良好的精神面貌和精彩演唱；另一方面，合唱团的成员在各自的单位都是文化活动的组织者或积极参与者，使番禺的文化建设成果为更多人所了解。

2014年11月5日，番禺区星海合唱节系列活动之“合唱进企业”（谭若锋　摄）

南方日报：在星海合唱团多年的发展中，您认为最重要的是什么？

郭东旗：合唱团的发展离不开团员的努力，但最重要的是番禺区委、区政府的支持和指导。番禺多年来致力于打造星海文化金字招牌，区委、区政府不时举办星海文化交流会、研讨会，星海合唱团也参与其中，在探讨中加深对星海文化的认识和理解。另外，我们团参加世界各地的比赛，区委、区政府也提供了大量的帮助和支持，包括经费。可以说，正是有了番禺区委、区政府的高度重视和鼎力支持，星海合唱团才能取得如此优秀的成绩。

李坚光：必须重视基层文化传播

（李坚光，番禺区文化馆馆长）

》》参与

南方日报：在传承、传播星海文化的过程中，番禺区文化馆做了哪些努力？

李坚光：一是培养业余文艺人才和文化工作者。传承星海文化，文化人才是关键。为培养优秀文化工作者，提升群文工作者的文艺服务水平，我馆针对全区16个镇街的文化站站长和各镇街的群众文艺骨干定期举办培训班。培训内容包括晚会导演基础知识、文化工作者的修养、舞蹈音乐创作等。邀请高校专业老师授课，着力建立一支素质高、能力强、业务精、用得上的基层文化干部和文艺骨干队伍。社区文艺骨干队伍是确保社区文化蓬勃发展的人力保障。文艺人才队伍的壮大，带动形成了浓郁的社区文化氛围，使人们在潜移默化中接受先进文化的熏陶，在活动中发挥“以点带面”的辐射作用，促进番禺区文化艺术水平的提高。

在此基础上，文化馆积极引导文艺人才和文化工作者参与到星海文化的活动中。在美术书画方面，文化馆立足发扬本土文化的宗旨，策划了从2011年9月至2014年1月，历时2年4个多月的“新风计划”，组织本地画家下基层乡村写生、送画给村民等活动，并在各个镇街举办了多场展览。各类培训班的举办和普及，培养了大批文艺骨干，同时他们也为我区的文化添砖加瓦，获得不少荣誉。如在美术方面，李节平的油画《小夫妻》获得第11届全国美术作品展览金奖；在书法方面，区广新的《秋声堂行书册页》获得2012年“群星璀璨·全国群众美术书法摄影优秀作品展”银奖；在摄影方面，文化馆社区辅导员摄影培训班学员方芳的作品《小憩》在中国第15届国际摄影艺术展览中入选。星海系列活动的举办进一步提高了社区文化活动平台，在更大范围、更大空间上为社区文化艺术人才提供展示才华的机会，改变社区团队分散活动的状况，集中群众文化的力量，更有力地推进星海文化建设的进程。

二是广泛传播星海文化内涵，带动群众积极参与到星海文化建设中来。一方面送文化下乡，积极举办基层文化馆站调演。在星海艺术节期间，结合各镇街实际，组织了各项具有特色的文艺演出、民间艺术展演等文化活动，让农村和社区群众一起参与和分享艺术节的欢乐。另一方面，针对未成年人，文化馆每年举办“牵手大舞台”送戏下乡之未成年人剧场品牌活动，邀请国内知名剧团到中小学演出、讲座；在沙湾举办了专门针对外来工子女的“蒲公英行动”儿童油画班，让外来工子女感受到艺术的熏陶，促进文化平等化。此外，还举行了“寻找禺山的记忆”番禺非遗进校园系列活动，把传统文化遗产带进校园，不但为番禺区非遗传承人提供了展示和传承技艺的平台，还促进了非遗项目在青少年中的传承，收到了良好的社会效果。

三是积极举办星海文化系列活动，加强文化交流。近年来，文化馆

番禺非物质文化遗产活动在校园中展开（王亮、肖雄　摄）

共协助区委、区政府举办了番禺区新年音乐会、中国（广州）星海国际合唱锦标赛、星海艺术节合唱欣赏会、“美丽乡村•幸福社区”摄影展览、“番禺•新风计划”美丽乡村绘画大展、“新风计划—水乡新韵”绘画写生创作行动、冼星海与广东音乐大家谈、外来工子女油画作品展、首届番禺区私伙局大赛、“童心•童梦”未成年人剧场等一系列涵盖曲艺、舞蹈、书法、美术等方面的群众性文化活动，并多次到企业、学校、军营、乡村、社区举办“合唱下基层”活动。

》》成果

南方日报：文化馆在群众中推广星海文化做了许多努力。

李坚光：是的。例如文化馆承办了广州市“花城花开”2014文化惠民演出季（番禺区演出专场）活动，把由文化馆承办的青少年才艺大赛及各类比赛中的优秀节目带到广州演出，让番禺的艺术走向更广阔的舞台。文化馆是番禺区星海艺术节、番禺区星海合唱节等大型品牌文艺活动的协办单位。星海艺术节至今已举办了8届，举办地点覆盖市桥、钟村、大石、南村等多个镇街，活动内容从满足人民群众的精神需求出发，充分调动人民群众参与的积极性和主动性，鼓励和引导创作群众喜闻乐见的文艺精品，让人民群众在艺术节中当主角、唱大戏，让他们切身感受到星海文化的浓厚氛围，真正做到群众关心文化、参与文化、享受文化。如今，星海精神已经成为番禺人民的精神符号。

此外，在对星海文化的资料整理方面，我们也做了努力。番禺是广东音乐之乡，文化馆非遗中心一直致力于对这方面的资料收集和编撰，2011年组织编写出版了《番禺文化遗产研究》；2013年协助南村镇编写出版《名乡坑头：历史、社会与文化》，又协助区非遗中心顾问梁谋先生完成《沙湾何氏与广东音乐》；在2014年的非遗进校园活动上首发了《番禺历史文化通识读本》一书。

星海公园里的星海塑像（资料图片）

张俊：公园也应成为“爱国主义教育基地”

（张俊，星海公园园长）

南方日报：多年来，星海公园是如何通过园区建设来传播星海精神、星海文化的？

张俊：星海公园，顾名思义是为纪念出生在番禺的人民音乐家冼星海而命名的，1986年建成，在星海湖南岸和东门分别有一座冼星海雕像。

公园环境幽雅，景色怡人，有着别具一格的岭南园林美景，全园占地面积约110亩，其中星海湖约12亩，道路、广场面积约8亩，绿化面积约90亩。星海公园是爱国主义教育和革命传统教育的好地方。园内设有冼星海纪念雕像，雕像下方刻着讲述音乐家生平的文字，往来市民在观赏雕像的同时可以了解冼星海的过往。还有一个命名为星海湖的人工湖，风吹过的时候，湖中掀起波浪，就像在述说这位来自海边渔村的音乐家的童年故事。以海燕为主题的东门广场，借海燕搏击风浪的英姿表现冼星海创作乐章带来的战斗力量。在我看来，这也正寓意着番禺人民在冼星海的音乐声中为社会的繁荣和发展而继续奋斗。

此外，还有一座番禺人民英雄纪念碑以及四组纪念我区抗日战争、解放战争的群雕。这四组群雕是番禺人民英雄事迹的总体生动反映。当市民站在星海像或是纪念碑前，两旁整齐的松柏、榕树偎傍，庄严肃穆，引发人们深切的怀念，每年都吸引约35万—40万人次前来参观，悼念先烈，接受爱国主义及革命传统教育。

为更充分发挥星海公园作为纪念性公园的作用，2003年6月我园特向上级申请，把星海公园作为广州市第三批爱国主义教育基地纳入社会发展规划，进行规范化管理，把公园建成对广大干部群众和青少年进行爱国主义教育的重要阵地。在我们的心中，星海公园不仅是让市民们放松休闲的好去处，还是厚重的“爱国主义教育基地”。

梁志宁：特色课程培育“星海式”个性

（梁志宁，星海中学校长）

南方日报：学校有教书育人的重任，星海中学在日常教学中如何与星海文化融合？

梁志宁：星海中学是一所初级中学，既有义务教育的性质，即普通中学的共性，又有它名字中蕴含的深刻内涵。这就决定了星海中学培养出来的学生既要具备义务教育初中阶段合格毕业生的标准，又要体现“星海式”的个性——具有强烈的爱祖国、爱人民的思想感情，具有比较高的音乐素养、艺术素养，更兼具和谐人格。

因此，传承民族精神，铸造星海品质，构建“突出音乐特色、实施以美育人、促进学生和谐发展”的办学特色，就成为星海中学的办学目标。多年来，学校坚持通过音乐来促进师生的全面发展。正如我们提出的：以音乐纯洁道德，以音乐丰富精神，以音乐开启智慧，以音乐健全体魄。

那么，如何达成目标呢？我们的主要举措是广开思路，拓宽显性课程。

首先，通过改进音乐课教学，以情为本，促进学生健康人格的形成。学校严格按照大纲的要求，在掌握基础知识与基本技能的基础上，把重点放在培养学生的乐观情绪及审美情操方面，使音乐教学从技艺学习走向人格构建，让情感培育贯穿课堂教学的始终。

配合“音乐教学”，我们开拓音乐类活动课，培养学生的音乐兴趣和欣赏音乐的能力。学校先后组建了学生舞蹈队、合唱队、管乐队，制订了管理方案和训练计划，由专人负责做好常规训练工作，并投入一定的经费，从广州聘请专家指导训练。在多年的成长中，教师的训练水平和学生的艺术素养都有了很大程度的提高。

其次，开设艺术特长班，充分发掘学生的艺术潜能，逐步提高学校的社会声誉。学校从2004年开始招收艺术特长班学生，到现在已是第11届。学校为特长班同学制订了科学而严密的训练计划，对学生进行系统的、有针对性的训练，使每一个同学的艺术潜能都得到最大限度的开发，每年都为高一级学校输送了一批有艺术潜质的学生。2009学年招收的音乐特长班于2011年6月被国家教育部命名为“冼星海班”，这让我们非常激动！

再次，不同于其他学校的早读、午读，星海学校开展了特色鲜明的“午唱”活动。每天下午上课前十分钟，在音乐老师的带领下，开展午唱，内容包括中外名曲欣赏、音乐家介绍、校园歌曲带唱等。午唱既活跃了孩子们的身心，使学生的审美意识和审美情趣得到陶冶，也为学校营造了浓厚的艺术氛围。

最后，积极组织开展形式多样的文娱活动。艺术活动的开展，培养了学生实践能力，陶冶了学生情操，提高了学生欣赏美、创造美的能力。

此外，我们非常注重育人硬环境和软环境的优化，增加校园环境的音乐含量，实施全方位音乐渗透，优化环境的育人功能。第一，校园建筑营造了整体美，学校各建筑造型优美，色调和谐，结构合理，功能齐全；第二，绿化建设营造了环境美；第三，名人作品、师生佳作营造了艺术美。

为了创造良好的艺术环境，学校建有专门的艺术楼、名人廊、艺术长廊、师生作品展示区等，学校的宣传牌、警示牌也极具教育性和艺术性。校园文化注重精品意识和主题意识，形成了我校的音乐特色和风格。在设施设备上，学校也增设了各种专用场室、多媒体及音响设备、各种西洋管乐等。

星海青少年宫舞蹈《母鸡进行曲》的精彩演出瞬间（资料图片）

陈敏：星海精神是孩子成长力量

（陈敏，星海青少年宫主任）

南方日报：星海青少年宫会通过什么方式让孩子们感受星海文化？

陈敏：我们一直在说星海艺术节，培育星海文化，但到底星海精神是什么？在我的理解中，冼星海精神的精髓就是爱国爱民的情怀，同时有理想，有抱负，有执着追求最美艺术的敬业精神。

日常教学中，我们会举行星海生平展，让每一届孩子都了解星海，读懂星海。正如我所说的，星海精神其实是广义的，我们也会应时推出世界伟人展，如雷锋等，雷锋精神与星海精神在一定意义上是不谋而合的。

我们现在正在培育星海少年宫的“培星”文化，为孩子的星之梦插上翅膀。星宫的每一个孩子都要以冼星海这一颗星所蕴含的精神作为他成长的力量，鼓励他未来成长为各行各业有作为的星星。此外，星宫一直提倡“活动育人”，未成年人校外教育活动场所更侧重在活动中培育孩子各方面的人格、潜能，如每年的冬夏令营活动，每学期每个学科都有期末主题活动。节假日也有相应的活动，比如三月“让我帮助你”学习雷锋活动，四月清明节活动，五月母亲节、六月父亲节感恩活动，十月爱国教育专题活动，十一月“番禺娃娃妙会”，等等。

第三只眼看番禺

让文化成为民众生活的一部分

中国音乐金钟奖、广州国际艺术博览会……广州是世界闻名的千年商都，近年越来越重视文化品牌的培育。文化品牌包括作品、活动、名人或设施等，其数量越多，品质越高，影响越大，越能表明地区文化创造能力之强，文化艺术成果之丰富，其文化吸引力不言而喻。

可是，文化品牌的形成有其内在的过程和规律，因此要耐得住性子，其努力往往在于坚持不懈之中。对文化人来说，坚持对文化品质的追求，持之以恒，才能营造社会艺术氛围；对不同艺术追求的老百姓来说，对文化品牌的认同，是让老百姓在了解的基础上去做出自己的选择。文化品牌、文化氛围、艺术素质，就是在这种坚持中慢慢成长的。

番禺在打造星海文化品牌的过程中，尤其重视多角度、全方位的文化传播、文化交流，不论是居庙堂处的高端论坛，还是处江湖之远的“六进”（进社区、进学校、进军营、进工厂、进企业、进农村）活动，都将星海文化精髓展现得淋漓尽致。

文化应成为民众生活的一部分，番禺会走得更远。

（本章采写／许晓冰）

第二篇

传承与激活：星海精神助力岭南文化

【综 述】

每个历史悠久的地域，理论上都有自己的历史文化风貌，就物质形态而言，主要体现在建筑之上。因此，无论是城市还是乡村，建筑的“新”与“旧”，总是处于博弈之中。“旧”的未必就一定是好的，但大浪淘沙，留存下来的那些串联在一起，就形成了代表地域文化的一条文脉，构成地域文化的灵魂。没有“旧”的，无所谓文脉；缺乏“新”的，文脉则不能延续。但“旧”与“新”之间，并非隔着鸿沟一道，二者完全可以和谐共处，相辅相成。

地域文化既有物质的一面，也有精神的一面。精神层面的“旧”与“新”，同样是这样一种辩证关系。

广东是中国的第一经济大省，自1989年起经济总量连续26年位居全国首位。这一点，虽然各路“追兵”虎视眈眈，有的已经十分迫近，赶超的势头十分明显，但直到现在，它们还不会动摇广东的经济龙头地位。但广东的文化地位在全国如何，就是一个众说纷纭的话题了，有一种观点甚至认为广东是“文化沙漠”。抛开这种极端的论调，平心静气，我们自己也不能不承认，广东改革开放以来的文化建设成就与经济建设成就的确“不相匹配”，虽然我们也可以掰开指头，一二三四地数出一些。广东虽然有着深厚的文化传统，但文化一直都处于经济的“附属”地位。而将文化提升到其本来应有的位置，让文化成果全民共享、文化理念推动社会进步、文化价值传播久远，在告别粗放模式、全面转入科学发展的轨道之后，开始更新我们的认识。

2010年7月，广东省委十届七次全会专题讨论了从文化大省到文化强省的文化建设工作。会议通过了《广东省建设文化强省规划纲要（2011—2020）》，明确提出："要把握大势，与时俱进，肩负起建设文化强省的历史使命。"站在新的历史起点上，广东要当好深化改革的排头兵，迫切需要进一步提升文化软实力，进而形成与我省经济社会向科学发展转型相适应的文化动力、文化条件和文化环境，对于广东实现"三个定位、两个率先"，当好深化改革的排头兵，具有不可低估的重要战略意义。

我们为什么要推动文化建设？是因为认识到了文化决定发展后劲。然而，毋庸讳言，这个"文化"在当下也被极大地简化了，简化成了各项具体的文化产业，甚至简化成了各种文艺演出。这些东西跟"后劲"关联得起来吗？恐怕不能。"酒旗戏鼓天桥市，多少游人不忆家"，清末民初易顺鼎的诗句，描述的是北京天桥当年的"文化"盛况。我们现在"大力开展"的群众性文化活动，达到天桥的那种繁荣程度似无可能；而即便达到了，天桥留给世人的观感，也正如齐如山先生所言："入其中，而北平之社会风俗，一斑可见。"就是说，只是呈现了老北京平民社会的典型区域而已，效果仅限于此，"后劲"从何谈起？从各种影视作品中我们也都知道，吉卜赛人的文化就是载歌载舞，几百年了，却还在到处游荡。2013年8月，法国多个城市开始同时驱逐吉卜赛人，他们居住的营地逃不脱被防暴警察捣毁的命运。15岁的吉卜赛女孩莱昂纳多•迪布兰妮被法国警察当着全班同学的面逮捕，继而被驱逐到科索沃后，遭到了法国数千名中学生参加的反政府抗议。剔除种族歧视不谈，至少说明以这种狭义"文化"为谋生方式的吉卜赛人，立足之地还较成问题，遑论发展后劲。

决定发展后劲的文化不可能是当下聒噪的那种表层的、浅层的东西。文化的价值诚然有其共性的一面，然此民族之所以别于彼民族，此区域之所以别于彼区域，必有其特色的成分。用文化人类学"文化圈"理论的观点，这些特色就属于"文化圈"里的"文化特质"。早几年全国各地都在进行新一轮集、归纳、总结本地“精神”的活动，理论上，归纳、总结出来的这些，应该就是本“文化圈”中的文化特质。可惜，纵观那些出炉了的“精神”，普遍是在为数不多的那几个宏大得空泛，放在哪里、放在何时都无比正确的字眼里打圈圈，不要说未几就会成为过眼云烟，就是当时也不知能为几人记起。而决定发展后劲的文化，应该是文化特质中得到发掘、弘扬、传播中剔除了杂质的优良成分，对“圈”内的成员凝聚向心，为“圈”外的人们所认知、所激赏。因此，文化的彰显，有赖于文化底蕴的丰厚。作为广州市“南拓”战略的新中心城区，番禺的现代化建设显然离不开城市文化品位的全面提升。

星海文化，无疑正是番禺文化传承的一个优势所在、底气所在。我们看到，为了传承并弘扬星海精神，番禺近年来通过多种形式，把培育星海文化品牌和创造艺术精品作为文化工作的重要任务，在国内外产生了极大的影响。

2005年6月，冼星海诞辰100周年之际，耗时近4年、投资数百万元的番禺冼星海纪念馆落成。纪念馆总面积3000多平方米，是目前国内规模最大、最全面展示大师艺术人生的所在。自1995年以来，两年一届的星海艺术节番禺至今已举办了8届。2013年的第八届星海艺术节更是番禺区委、区政府倾力推动星海文化品牌建设的“重头戏”，涵盖了音乐会、杂技、话剧、歌舞晚会、儿童剧场等各种形式的群众性文化活动。自2008年以来，番禺还着重打造了星海合唱节，也是每两年举办一届，每届星海合唱节都吸引了来自国内外的众多合唱团队参加。除正式比赛外，还组织音乐研讨会、艺术讲座、广场展演等交流活动，营造了浓厚的星海文化氛围，让世界聆听到了番禺的声音。

（撰文／田东江）

第四章

擦亮底色：星海精神与岭南文化

核心提示

正如国学大师季羡林先生所言：地域文化加在一起，就成为中华民族文化的整体。地域文化搞清楚了，整体文化也会因之而充实，而丰富。

在中国近代历史上，独具特色的岭南文化，不仅孕育出洪秀全、康有为、梁启超、孙中山等思想家、政治家、革命家，也孕育出萧友梅、冼星海、马思聪、陈洪、青主等一大批在中国近代音乐史上做出过巨大贡献的音乐巨匠。

在岭南地域中，中原文化、本土文化、海洋文化、西方文化等诸多文化交流融合，尤其是海洋文化给岭南带来的开放优势，使得生活在这片沃土上的人们形成了特有的文化品格——多元、包容、创新、务实。

在广州大学文学地理学研究中心教授、广府文化研究中心负责人曾大兴看来，岭南文化是番禺人冼星海的文化基因，他受到番禺文化的影响，但他的视野绝不受制于番禺。他从番禺走出去，在岭南文化兼容并包的基因影响之下，成为了具有国际视野的音乐家。

“面对着能孕育出无数文化名人、仁人义士的文化，请怀以敬畏之心。”这是来自湖北的曾大兴的感悟。

对　话

曾大兴：岭南文化是守住中国文化的最后一道防线

（曾大兴，广州大学文学地理学研究中心教授、广府文化研究中心负责人）

》》投身抗日受三重感召

南方日报： 1935年，在巴黎学艺的冼星海毅然决然踏上了归国之路。“八一三”事变之后，冼星海参加了上海救亡演剧二队，随队到江苏、河南等地演出，宣传抗日。作为一名“手无缚鸡之力”的音乐家，冼星海义无反顾地投身抗日救国的这种精神，是否可以视作广东精神乃至岭南精神的体现？

曾大兴： 冼星海以一名音乐家、一名书生的身份积极投身抗日，我想原因首先是时代的感召。当时，全国上下都处于抗日救亡的热潮，他受到时代的影响，这点无须赘言。其次是受到中国传统文化的影响。冼星海是

1937年8月，上海戏剧界组织救亡演剧队，分赴内地宣传抗战演出。冼星海（左三）参加了洪深（后排左三）领导的救亡演剧队第二队。这是演剧二队出发前的合影（吴雍提供／FOTOE）

读书人，我们都知道，中国传统文化提倡“天下兴亡，匹夫有责”，尤其是中国的知识分子这方面的意识很强烈。

其实，不少人都有这样的疑问：冼星海的作为和成就到底与岭南文化有没有关系。我认为是有关系的，而且有重要关系。这里就涉及我们对岭南文化的认识问题。从地理环境上看，岭南就是五岭以南的地区，地理学上的五岭指的是越城岭、都庞岭、萌渚岭、骑田岭、大庾岭五座山。岭南包括哪些地方呢？如果从人文地理上理解，岭南通常包括广东、广西、海南、香港、澳门五个省区。实际上，从自然地理的角度来看，岭南还包括福建和台湾地区。

岭南地区属于中国的最南端，从文化上来看，岭南文化也是中国文化的最后一道防线。

南方日报：岭南文化是中国文化的最后一道防线，这句话怎么理解？

曾大兴：中国文化分为许多板块，最北边是草原文化，依次往南有齐鲁文化、燕赵文化、秦晋文化，再过去就是西北文化，再往南一些就是中原文化，以河南为中心，包括江苏北部和安徽北部。再往南就是长江流域文化，从东往西依次包括吴越文化、荆楚文化、巴蜀文化。再下来就是珠江流域，珠江流域就是岭南文化了。

基于此，我说岭南文化是中国文化最南端的板块，也是守住中国文化的最后一道防线。历朝历代都有这样的例子，尤其当中华民族遇到危难之时，岭南文化就发挥作用了。

举个例子，元朝占领临安之后，南宋最后一位皇帝赵昺流亡辗转到崖山，也就是今天的广东新会南部。当时因为汉族有一名叫张弘范的人向元叛变，他叛变之后，战争形势发生了根本性的逆转，宋军全军覆灭。南宋士大夫陆秀夫不愿做元军俘虏，含泪背着年仅9岁的赵昺跳海而死。在他跳海殉国的当天，南宋十万军民同一天跳海，那应该是人类历史上最为悲壮的一页。这十万军民当中，你可以推想有多少是岭南人。

南方日报：自然是不计其数了。

曾大兴：正如陆秀夫殉国的故事，岭南人是坚持抗争的，岭南的士大夫也坚持抗争，他们效忠于南宋，一直坚持到最后一刻。

再往后便是抗清。明朝灭亡后，明宗室先后在南方建立了一些地方性政权，这些政权共持续18年，史称“南明小朝廷”。为什么他们最后都跑到岭南？我此前讲过岭南文化是中国文化的最后一道防线，往往这时，岭南文化体现了一种强烈的爱国精神。除了这两件事，明朝抗倭、清朝抗英、近代抗日都是这样。

我们要了解岭南文化以下两个特点：一方面，在升平的日子里，岭南文化显得很和谐，人们安居乐业，这从文学艺术上看，就是一种清新淡雅的风格，像粤菜、广东音乐、岭南绘画那样。另一方面，一旦到了国家和民族兴败存亡的关键时刻，比如刚才讲到的抗元、抗清、抗倭、抗英、抗日，岭南文化就体现出了雄志。多少仁人志士以保卫国家、保卫中华文化为己任，谱写出一段段英勇悲壮的故事。

现在我们再回头说，冼星海赴延安投身革命事业，应该是三个方面的因素影响他，一是时代的感召，二是中国传统知识分子“天下兴亡，匹夫有责”的精神在感召着他，三是岭南文化的感召。

为什么岭南文化会影响冼星海呢？冼星海是番禺人，出生在澳门，后又在岭南大学附中读书，这一段时间是他的青少年时期，我们知道一个人价值观的形成，就是在青少年时期。所以我们说冼星海的文化基因里一个最基本的基因就是岭南文化。

》》岭南文化有三个源头

南方日报：“天下兴亡，匹夫有责。”对于偌大的中国而言，岭南人偏居一隅，但在那一个特殊的时期，却屡屡有救国救亡的仁人志士出现，如康有为、梁启超、孙中山等。岭南为什么可以成为孵育仁人志士的沃土？这与岭南本身的文化特征有何联系？

曾大兴：回答这个问题时，我们必须明确，岭南文化有三大源头。第一个是岭南本土文化。岭南多为越族，浙江、福建、广东、广西都属于百越，是古代中国一个很庞大的族群。这一支人有自己的文化，比如喜欢吃海鲜、吃蛇、打赤脚、穿拖鞋、喝早茶，这些都属于岭南本土文化，在今天也表现得很鲜明。

第二个是中原传统文化。我说的中原是一个大范围的，不是仅指河南，而是整个黄河流域。中原儒家文化对岭南的影响很大，那么多人北上求官、求功名，就是岭南文化受中原文化的影响，要读书、做官，有功名之心。其中，也包括中原儒家文化的价值观，如爱国、爱家、忠孝等。

第三个是海外文化。岭南临海，尤其是冼星海生活的这一带地区。岭南文化包括客家文化、潮汕文化、岭南文化。岭南文化是以广州为中心，

以珠江三角洲为范围的地域文化。珠江三角洲不就是滨海文化吗？冼星海祖籍番禺，出生在澳门，都是滨海文化。岭南文化可以说是中国各地的地域文化当中，受海外影响最多的。

这样就能理解，为什么每当国家和民族在生死存亡的关头，岭南地区有那么多仁人志士。这与岭南文化三大源头之一的中原文化有关。因为中原文化的表现是平时安居乐业，到了特殊时刻，任何一个人都有保卫国家的责任。你看三元里抗英的时候，就是三元里村里的老百姓自发行动抵抗外族入侵。

现代人有一种误解，认为岭南人离中原很远，与中原文化很疏远，其实不然，岭南文化是一个多元的文化。只要认识清楚岭南文化的三个源头，就会对岭南文化有一个全面的认识。

南方日报：在中国近代史上，岭南地区人民有多次抗击外来侵略者的举动，如三元里抗英。而冼星海的抗击方式与岭南人民的抗击行为之间存在哪些异同点？冼星海和康有为、梁启超、孙中山等岭南先贤相比，又有什么异同之处？

曾大兴：每个人都利用自己的长处去报国，文人靠自己手上的笔，冼星海是一名音乐家，当然只能以自己的音乐作品来参与抗日。

冼星海回国之后参加了抗日救亡小组，当时的抗日救亡在上海一带，后来延安邀请冼星海前往。延安有一所鲁迅艺术学院，学院邀请他去，他去的第二年就做了学院音乐系主任。冼星海赴延安，一方面延安是当时许多年轻人向往的地方，另一方面，延安是张开怀抱欢迎他去的。

他到了延安之后，受到抗日精神的感召，写出了《黄河大合唱》。他如果不到延安去，就不可能认识《黄河大合唱》的作词者诗人光未然，又怎么为《黄河大合唱》谱曲？作为音乐家，他以自己的方式抗战，这很正常，实际上每个人都是以自己的方式参与其中。

其实，像冼星海那样放弃海外安逸舒适生活回来救国救亡的知识分子

1939年，延安开展自力更生的大生产运动，冼星海（右一）与鲁迅艺术学院师生在一起开荒（吴雍提供／FOTOE）

1940年初，冼星海（第三排中间）与鲁迅艺术学院第三期音乐系师生合影（吴雍提供／FOTOE）

1932年3月，中国留法音乐学会在巴黎成立，自左至右为：冼星海、季继红、李俊昌、曾竹韵、郑志声（吴雍提供／FOTOE）

比比皆是。那个时代的知识分子，留学的目的很明确，学成回国之后救国图强，报效国家，不同时代的留学者有不同的特点，那个年代的知识分子很伟大。

》》岭南文化是冼星海的文化底色

南方日报：在音乐创作上，冼星海将中国传统民族音乐同西洋音乐结合，创作了很多优秀作品。这与冼星海的经历分不开：幼年时，纤细委婉的船娘曲、粗犷低沉的民谣、亲切优美的渔歌，令冼星海异常着迷。成年后，奔赴法国，师从大家，接受高等西洋乐的熏陶。冼星海的创作有一种大气的“国际范”却又不失“民族风”，这一种混搭的风格，同岭南文化之间又有什么样的内在关系？

曾大兴：我此前说的岭南文化有三个源头、两种风格，一种是清淡，一种是雄直。冼星海生活在那样一个风雨激荡、抗日图存的年代，他的作品多以雄直为主。《黄河大合唱》用岭南的语言来解释，就是雄放、慷慨、激昂，而非委婉多情。

但是，冼星海一生一共谱写了500多部作品，其中不乏清新淡雅、抒情味浓的，那就是岭南风格的另一面。当然，他的作品不纯粹是岭南风格。其文化底色是岭南文化，但也受了北方文化的影响。他一辈子去了那么多地方，如北方、西北地区的辽阔天地，他当然也受了那种地理景观的影响。一个文学艺术家，他的作品风格应该是多种多样的。

过去人们谈论冼星海的时候，很少讲到他受岭南文化的影响，总说他受革命文化的影响，尤其受延安革命文化的影响。如果冼星海的文化底色中没有岭南文化的雄直，即使到了延安，他也不可能写出这样的作品。

一位艺术家最初受到什么风格的影响，这种影响一般是如影随形的。比如你是广州人，今后无论你到了哪里，广州文化都在影响着你，底子就在那儿。在你的价值观形成的年代，如果你生活在广州，那么你就会用广州文化的标准作为参照系，来评价你之后生活的地方。

冼星海也是如此。岭南文化是他的文化底色，是他的文化基因，而《黄河大合唱》是多种文化交融的结果。

南方日报：在全延安没有像样的音乐器材的情况下，他完成了《黄河大合唱》《九一八大合唱》《军民进行曲》等一生中大部分的主要作品创作，为抗战鼓与呼。这样一位伟大的广东音乐家身上展现出来的情怀，值得尊敬。

曾大兴：冼星海绝对是一代音乐大家。虽然他是番禺人，受到番禺文化的影响，但他毕竟是中华民族第一流的音乐家，他的视野绝对不是番禺能限制得了的。冼星海一辈子写了500多部作品，还写了40万字左右的论文，有明确的音乐理念和追求。他从番禺走出去，受这里的文化影响，但他是具有国际视野的音乐家。

中国音乐从20世纪30年代开始一直到改革开放以前，都是冼星海、聂耳等音乐伟人的年代，主打革命音乐。在冼星海之前的音乐叫流行音乐，抗战兴起时流行音乐退潮，紧接着就是冼星海和聂耳的音乐，即革命音乐，一直持续到邓丽君的音乐在1979年之后传入内地。冼星海等音乐伟人的时代延续了半个世纪，虽然他只活了40多岁。

就算到了今天，冼星海的地位也没有动摇，他代表了一个时代。

南方日报：看得出，您对冼星海的评价非常高。

曾大兴：确实是这样，虽然岭南后来也出了一位音乐家叫马思聪，马思聪后来当过中央音乐学院的院长，但他的《思乡曲》跟冼星海的作品不

1937年11月7日，冼星海随上海救亡演剧队二队在湖北进行歌咏活动期间，武汉举行抗日劳军歌咏大会。这是武汉海星歌咏队全体队员欢送冼星海的合影（吴雍提供／FOTOE）

一样。冼星海的音乐是鼓舞人心的，他在中国音乐史上的地位非常高。

南方日报：冼星海热爱国家和人民，他常说的一句话是："不要时常挂怀着自己的幸福，因为我们的幸福是以解放民族、解放人类为目的。"为祖国谱曲就此成为星海天赋的使命。星海的个人精神，与岭南文化精神之间有着什么样的内在基因联系？

曾大兴：那个时代的人大多是这样，他们更多会考虑国家和民族，很少考虑自己，冼星海就是把自己融入国家和民族中去，这也是时代的特点，不必硬性强调这种精神跟岭南文化的关系。

》》岭南文化多元、包容、创新、务实

南方日报：此前，您接受媒体采访时提及一个数据：从古代到现在，番禺出的文学家最多达到353位，广东从来都是文化的沃土。这是否意味着，在这样的大环境下，孕育出冼星海等这样的大家，绝非偶然？

曾大兴：我所说的300多位，是可以明确知道他们的祖籍就是在今天的番禺区境内的。实际上如果我们要讲大番禺的话，还不止这么多人。清朝的时候，现在的海珠区、天河区、萝岗区、白云区、番禺区、越秀区，通通都是属于番禺县的范围。

番禺历史最悠久，而且它的疆域不断变化，所以我说的数字是个参考数。但我可以很明确地告诉你，番禺作为一个区来讲，拥有的文学家数量，在广东各区当中首屈一指。从东汉到民国，在广州市各区当中，番禺的文学艺术发展也是最发达的。

南方日报：有本地学者认为，岭南文化是"及第粥"：什么东西都放进去，再产生一种新的东西。这一点，在冼星海的作品中得以窥见。我们谈了许多岭南文化，也谈了许多星海精神，那么，在您看来，您眼中的岭

南文化是什么？

曾大兴：任何一个比喻都是蹩脚的，也没有一个比喻是恰当的，应该说岭南文化是一个多元的、创新性和包容性很强的文化。

岭南文化的创新品质很突出，是一种先进的地域性文化。它之所以先进，是因为它既多元又包容，而且敢于创新。它的创新品质是别的地域文化无法比拟的，它对于海外文化的接受也好，对于中原文化的接受也好，都不是全盘接受，而是逐步形成了比较实用的文化。

所以我说岭南文化多元、包容、创新、务实，不是什么文化都吸收，也绝对不会因为意识形态的差异或种族的差异就排斥某种文化，一切以对自己有没有用为前提。

南方日报：可以理解为“取其精华，去其糟粕”，对吗？

曾大兴：这个精华和糟粕都是以它的立场决定的，在吸收之后还要考虑到是否符合中国的国情。比如，实质上是西方的东西，但要考虑到中国能不能接受，不能接受的话，就做一些变通。所以岭南文化最后要落实到“务实”二字，这是实用主义的文化。

专家的观点也不是说没有道理，及第粥有花生米、油条、猪杂，所有融合到一起产生新的粥。岭南文化有多种元素，最后形成了具有自己鲜明特点的文化，这个观点有一定的道理。但是我为什么不用某种东西来打比方呢，因为这会引起误解。

很多人认为，岭南文化是一种低层次的文化，这是不对的，所以我就不用这种很大众化的形象来比喻它。每一种文化都是深厚博大的，不能用那种形而下的形象一并概括。岭南文化孕育出多少文化名人、仁人义士，面对这样的文化，你要有一颗敬畏之心，不要轻率地对它评头论足。实际上，我们面对世界上任何一种地域文化，都要怀着一种尊重之情。

虽然现在大家对岭南文化做了不少研究，但我们是不是完全读懂了岭南文化呢？谁都不敢这么说。因为你只是知道其中的一部分，或者你只是知道一个大概，岭南文化当中有些元素是你穷其一生都无法读懂的，所以对这样的文化还是要怀以敬畏之心。

第三只眼看番禺

务实或许是“质的飞跃”时的绊脚石

一谈起冼星海、岭南文化这样的话题，这个从1993年就来到广州工作的湖北教授比作为广州本地人的笔者还动情，这让笔者自愧不如。

是的，文化精神不但是一座城市的灵魂，也是一个国家、民族的灵魂。沧海桑田，珠水不竭。番禺文化如滔滔江水川流不息，在冲刷中沉淀。这里是人民音乐家冼星海的故乡，他所创作的《黄河大合唱》，唱出了中华民族的“正气之魂”。

作家茅盾在回忆冼星海时说：“……什么都做过的人，有两种可能：一是被生活所压倒，虽有抱负只成为一场梦；又一是战胜了生活，即他的抱负不但能实现，而且必将放出万丈光芒。星海就是后一种人！”

虽然冼星海逝世已七十年，时间的流逝并没有消损他的光彩。他像一座灯塔昭示着故乡一代又一代的人们，历久而弥新。作为岭南文化发祥地，番禺得天独厚的地域优势和得风气之先的文化历史传承，使星海精神的文化品质深深植根于这座城市之中。

如果说岭南文化是冼星海的文化基因，那么“多元、包容、创新、务实”等岭南文化关键词自然与番禺脱不了关系。可是，岭南文化是否代表零缺陷？笔者倒不这么认为。

文化的务实，导致岭南人的精英意识不足，也就是所谓的“会生孩子不会起名字”。由于海洋文化的影响，岭南创造出了许多个“第一”，时常可见在岭南土地上开花，却在别的地方结果。比如广东人最早“发明”电影，上海却是第一个建立电影厂并成为电影业中心的。不少思想家、艺术家都是离开岭南往北走，最终取得成就的。

务实绝对是一种优点，但是当你的实力足够强大的时候，需要得到“质的飞跃”之时，这种个性往往成为绊脚石。

番禺文化“量的积累”足矣，在实现“质的飞跃”之路上该怎么走，值得深思。

（本章采写／张西陆）

第五章

构筑内驱：星海品牌与番禺文化核心竞争力

核心提示

一个地方、一座城市，能给人们留下最深刻印象的是什么？是文化。

番禺的历史比广州的还久。《史记·货殖列传》曾称“番禺亦其一都会也”，将其列为全国九大都会之一。从公元前214年建县迄今，2200多年来番禺这方热土创造了多姿多彩的民间艺术，留下了许多人文瑰宝。这样的地方，无疑是一个文化的宝库。

然而，包含番禺在内的广东乃至珠三角地区，不止一次被外界冠以“文化沙漠”之名。不仅如此，尽管曾经是历史上的地方政治中心，但番禺如今所处的位置并非广州中心。相较而言，岭南文化的知名度更高。

随着广州“南拓”战略的实施，番禺的社会经济发展势头更加迅猛，随之而来的是对传统文化的传承呼声大涨。在这样的大背景下，番禺提出实施文化引领工程，建设文化强区。

今时今日，番禺文化该怎么发展？让文化人说文化再自然不过，中山大学党委常务副书记、副校长陈春声的观点再直接不过：文化是一代又一代人的记忆，它存在于老百姓的生命中。番禺有一群难得的民间力量，他们珍惜本地传统文化，番禺文化最宝贵的矿藏是人，把握住他们，番禺文化传承就有希望。

对　话

陈春声：番禺本身就是一种文化的象征

（陈春声，文化专家，中山大学党委常务副书记、副校长）

》》谈番禺文化　番禺本身就是一种文化的象征

南方日报：珠三角最早的城镇诞生于番禺，从秦代番禺建县以来，番禺多为地方一、二、三级政权所在地，也是广东政治、经济、文化中心。您怎么评价番禺在岭南文化中的历史地位？

陈春声：番禺已经存在了很长时间，从历史进程上看，是先有番禺，再有广州。现在广州的行政区域划分很难应用到2000多年前。当时，连珠江三角洲的概念也是不存在的。

回到明清时期，番禺比现在的地域要大得多，越秀区、白云区、黄埔区、海珠区、现在的番禺区、南沙区等区域都包含在内，一直到20世纪20年代，番禺还是“大番禺”。

从一开始，番禺还是作为地名出现，它自然要跟一定的地理空间联系在一起。但当我们讲到文化的时候，番禺也被视作一种文化的象征。这个时候，我们就不应该再把番禺直接看成一个现代的行政区域，而应该用更广阔、更纵深的视野看番禺。

南方日报：那么，拥有厚重历史底蕴的番禺，应该被如何看待？

陈春声：我举几个例子。20世纪20年代，在我提到的白云区、黄埔区、现在的番禺区等区域的居民大量移居海外，东南亚、美洲、欧洲是他们主要的落脚点。这些移民去世之后，在他们的墓碑上，还写着自己的籍贯是番禺。在海外的同乡会、商会活动中，“我来自番禺”的个人介绍也是很常见的。

番禺作为一种文化，它是实实在在的，它不单是现在的番禺行政区里活动的这些人，在海外还有另一个番禺，海外的番禺人有他们认同的番禺。为什么一直说番禺是文化符号？这个非常重要。我们之前对番禺文化所做的研究报告中的一节，题为《番禺之外的番禺》，专门讲到这个道理。

不同时期移民到海外去的人，他们对家乡的记忆，是他们出去的那个时代的记忆。文化是跟历史的记忆联系在一起的。

南方日报：照此理解，番禺文化是否是岭南文化的重要组成部分？

陈春声：坦白讲，“岭南”这个词出现的时间比“番禺”晚，当我们将地域文化概念化的时候，岭南、岭东、岭西等名词就出现了。文化是人们定义出来的，是不是有一个完整统一的岭南文化，我们还可以进一步讨论。但如果真的有岭南文化的话，番禺当然就是岭南文化的核心。

岭南文化也好，番禺文化也好，文化象征也好，其实都是人们头脑里主观建构出来的，实际上它们都是不存在的。你不会拿到一个实实在在的东西，定义它是什么。

南方日报：历史上，先有番禺，后有广州，在您看来，经过了2000多年的历史文化积淀，番禺形成了哪些鲜明的地域文化？

陈春声：文化是要靠故事来支撑的。我们讲文化积淀，文化的表达必须拿故事来讲，不可以用某一种词汇去定义。

文化是一代又一代人的记忆，它存在于老百姓的生命中。当你真正深入乡村之时，就会有一系列的故事，每个故事都是独一无二的。

比如，“姑嫂坟”这一奇特的葬俗。在白云山云台花园里，有一个合葬墓，葬着南宋番禺沙湾的何氏姑嫂。姑是沙湾何氏四世祖何人鉴的妹妹，嫂是何人鉴的妻子。

关于沙湾“姑嫂坟”的传说，有多个不同的版本，其中一个是：何人鉴为朝廷公务，常年在外奔波，他的父亲患病在乡，姑嫂两人晨昏伺候，衣不解带。何父身亡之后，嫂心力交瘁而殁，姑见状悲恸至极，竟与嫂同日而亡。何人鉴感其孝义，将姑嫂合葬在白云山三台岭何父墓附近。后来，他的兄弟何人铎及李氏安人也葬在其西侧。

“姑嫂坟”传说的故事情节简单，内容也平凡。在这个故事中，你可以感觉到岭南地区女性独特的家庭、社会地位，她们对家庭的责任和义务，你也可以感觉到本地文化中的孝道。

你要讲番禺文化有什么特点，每一个故事都有非常特别的意义。文化是通过一个个故事表达的，不是我们现在大学教科书上的那些：“番禺文化有三个特点：第一个叫海洋性，第二个叫开拓性……”一听，你就晕了。

从本质上说，文化其实是一种经过选择的历史记忆，这种历史记忆是基于现代人生活在现代社会对于现代问题的关切而选择的历史记忆。这种表达常常是处理各种问题时不言而喻的默契，这就是文化。如果直观地用番禺文化跟别的文化相比，得出番禺文化有什么特点，那是愚蠢的。

灰塑展现了岭南建筑文化特有的艺术魅力（何志丰　摄）

»» 谈“文化沙漠” 沙漠下最重要的矿藏是人

南方日报：有文曾描述岭南为“南蛮之地”，也有观点认为，这一带是“文化沙漠”，您怎么评价这样的观点？

陈春声：我感觉“文化沙漠”的说法没什么。文化基本分为两类，而文化的背后是话语大权的存在。一类是我之前说的，通过社区、通过家庭内部的口口相传、耳濡目染，自然而然流传下来的。比如说，很多人会说广东菜好吃，这样的饮食文化肯定不是“沙漠”；相对其他地区来说，岭南的等级观念较弱，这也是一种文化。

另外还有一类文化是被抽象化和被文字化的，常常通过制度性的教育来传承，比如，办学校、出版书籍等。而这一类文化的发源地，主要集中在黄河流域。

大家讲中国文化的源头，要看讲的是哪一种：我们可以在河姆渡遗址上看到早期种植的水稻，我们可以在云南大理、南诏看到早期城市的雏形，我们可以在彝族历史中看到他们创造的文字，等等。

没错，这些都是文化，但文化的背后有一个强势的文化，用它的话语或意识形态的权威性和正统性，把所有的文化捂盖住，就只剩下一种文化。

文化就是这样的。我们现在讲一个地方是不是文化沙漠，其实是一种无聊的表达。你说这里是沙漠，那就是沙漠好了，有什么关系，沙漠有什么不好？沙漠下面有很多矿藏、石油，现在全世界最富的地方就是沙漠。

南方日报：那么，您觉得岭南文化的矿藏、石油是什么？

陈春声：现在挖掘，最重要的矿藏就是人。讲番禺也好，讲岭南也罢，在过去的一两百年里，没有冼星海，是不是中国的音乐史就会重写？没有孙中山，是不是中国政治史就会重写？这是关键。

南方日报：您觉得少了他们，会重写吗？

陈春声：当然会。文化，最关键是人。文化是活的，文化是一直在变的，一直是新的。每一代人都会有对岭南文化新的理解。

一代人有一代人的岭南文化，所以讲新岭南文化，讲与不讲是一样的，这个东西确实有。打个比方，你到北京看一看，广东人也好，岭南人也好，一交流就能轻易分辨出来，这就是新岭南文化。

》》谈传承焦虑　年轻人是番禺文化的希望

南方日报：事实上，要培育一个地方的文化发展，并不仅取决于官方怎样定位，更在于城市有什么样的土壤和潜能。您怎么评价目前番禺的文化氛围和环境？

陈春声：地域文化都是我们现代人建构出来的概念。事实上，番禺文化也面临着某种危机和紧张。

一方面是番禺的行政区划越来越窄，在行政区划变窄的过程中，番禺的行政、文化中心也逐渐偏移了原来的中心。另一方面，行政区划的变化，也导致原有的地方文化多样性特色随之削弱。

还有一点，随着番禺区的发展，区里聚居了大量的外来人口，他们来自五湖四海，你可以很轻易地在华南板块、高铁站临近、大学城等范围内，找到不少不讲粤语、不是番禺户籍的人。

南方日报：番禺文化正在削弱，您担心番禺文化有一天会消失吗？

陈春声：如实讲，文化本来就是不存在的东西，它没有削弱或消失一说。文化依靠建构，它不是一个客观的过程。

其实番禺这个地方，很难得。难得的是番禺民间存在着非常强的保护本地文化的力量。他们对自己的乡土文化，不管是物质的，还是精神的，都十分珍惜，而且他们做得很好。但你如果要问，他们保护的是不是番禺文化？这个不一定。你说消失或削弱，这个不一定，因为文化是跟人连在

乡村节日（谭若锋　摄）

一起的。文化是可以重构、再生的，没有一成不变的文化，更没有一个可以为之定义、加以形容的文化。

南方日报：听您这么一说，抽象的文化突然变得具象了许多。您说到番禺对文化的传承有焦虑感。在您看来，番禺推动自身文化的发展存在哪些长处？

陈春声：我推荐大家看看《香飘四季》，这是一本20世纪50年代的小说，写的就是番禺本地的水乡风情，非常值得看。其实番禺文化本来就带有很强的流动性，比如冼星海是番禺人，他也是疍民，依海而居，四处流动。这种特性导致番禺这个区域长期以来具有很强的包容性。

我对番禺文化有信心，一方面是番禺的普通老百姓对自己的乡土文化有珍惜之情。最难得的是，这种珍惜之情并不仅限于老龄人群或地方文史工作者，也不仅限于带有一点自我炫耀性质的侃侃道来。有不少年轻的文化保护志愿者，他们用新一代的力量、新的方式去保护、传承他们珍爱的文化。

2014年底启动的石楼镇善世堂修复工作，最初的发起者就是几位20多岁的青年人。小伙子抱着相机翻越围墙爬进自己家族的宗祠，从那时开始，他们就开始团结村里的老中青三代，一头扎进“光复祠堂”的事业中。小伙子开通了“番禺石楼镇善世堂”的官方微博，还在公交车视频投放了善世堂宣传片，组织大家族里的三代人有钱出钱、有力出力。

后来，他们的努力终于感动了老一辈，善世堂的维修工作也在稳步推进。现在在番禺的大多数乡村里，都能看到二三十岁的文化志愿者，他们的眼界开阔，受教育程度也高，理念很新颖，做事情也相当专业。这是我对番禺文化有信心的原因之一。

南方日报：明白了，您认为番禺本土的年轻人是本地文化有希望的延续力量。

修缮中的善世堂（江笑　摄）

陈春声：我觉得这一点非常难得。第二个关键的希望在于，我之前讲过的，也是番禺所紧张的外来人口。番禺在教育方面有大学城，在地产方面有华南板块，在产业发展方面有国际创新城。大学城里有18万头脑最新锐、最聪明的孩子，番禺要想办法把这些人变成新番禺人。我刚才提到的制度性教育的重要性，并不是随便说说的。这些孩子要做文化创意也好，做文化保护也好，都是最有热情和干劲的。

文化的未来发展一定是“文化+科技”，没有科技，文化就不是文化了。以中大为例，中山大学大学城东校区拥有两个国家重点实验室，本校最先进最高水平的实验室就坐落在那儿，我们与卡耐基梅隆大学的国际联合研究院也在那里。对于番禺文化来说，这些都是智力优势。

说到华南板块，号称拥有广州最优秀的作家、思想家、科学家、艺术家，这些都是新番禺人，随着他们居住的时间越久，慢慢融入社区，他们对番禺文化发展的影响就越大。导致番禺文化感觉紧张、目前还是外来人的这一群体，将来一定是番禺文化发展的重要有机力量。

我认为，番禺拥有这两批人，文化发展大有可为，关键是番禺应该怎样用好他们。

南方日报：番禺文化发展优势在人。在您看来，番禺还有什么文化发展的瓶颈需要突破？

陈春声：就目前而言，一方面是上述的外来人口问题，另一方面就是行政划分以及保留在海外番禺人心目中的番禺形象。番禺的文化脉络确实被切割了。

2014年底，番禺的大岗、东涌、榄核三镇划归南沙，不仅行政面积又少了1/3，连番禺一直强调的水乡特色也受到一定的影响。划出去的正是极具水乡特色的部分，原来疍民漂泊的所在地，现在都没了，还有好几处非物质文化遗产也被一并划出。这确实是目前番禺要面对的另一个困难。

另外，我认为，政府投入到文化上的资源还是有待提升的。

》》谈文化品牌　传统文化还会再度回归，番禺要等

南方日报：谈到番禺，不可能不想到冼星海。然而，时下的青少年对冼星海的理解仍停留在书本中。番禺应该怎样传承与创新，以提升“星海故乡”的知名度？

陈春声：说到“星海故乡”的话题，自然要先说说冼星海。冼星海是一位海外的番禺人，他们一家人都是疍民。从18世纪起，疍民也要做户籍登记，由于番禺是水乡，水乡有许多疍民在写籍贯的时候就会写“番禺”。

冼星海出生在澳门的海上，后来去了新加坡，直到1918年秋天，他才和母亲一同回到朝思暮想的番禺，进入岭南大学附中读书。冼星海是学民乐出身的，后来他到了欧洲，接受现代音乐教育，整个音乐创作则是非常

20世纪20年代，冼星海（二排右四）在岭南大学求学时与师生的合影（吴雍提供/FOTOE）

西化的。

番禺人民怀念冼星海，冼星海也自认为是番禺人，自小受到番禺的影响。当然，我相信最大的影响还是他喜欢吃广州菜。

在传统或本土的文化中，一直包含着现代性，因为文化是存在于现代人的头脑里的，只是看你怎么样去挖掘，怎么样体会传统。而且，所有的文化一定是与时俱进、兼容并包的，都不排他。

南方日报：冼星海身上到底有多少番禺文化或岭南文化的影子？

陈春声：他出生在澳门，是葡萄牙人统治的地方，但这并不代表澳门和岭南文化没有关系。澳门对岭南的文化影响是很深刻的，在中国的土地上，除了它，没有一个地方让欧洲人住了400年。广东文化的一些特色很大程度是受澳门和葡萄牙影响的结果。

比如，广东人在宴请宾客时，先上冷盘，再上红烧乳猪，然后上汤、热食、主食，最后上甜品。这是西方人吃饭的形式。从前顺德厨师跑到澳门服务了很多年，到了清朝，这帮厨师又回来给两广总督、广东巡抚做饭，延续了澳门饮食的形式，后来逐渐成了粤菜的传统。

再看看广东这么多的留美留欧学童，第一批第二批的孩子，包括容闳、唐绍仪、孙中山、冼星海等等，几乎全部来自澳门周边不到50公里的地方，这些人后来影响了整个中国。

南方日报：与星海品牌的遭遇类似，沙田咸水歌、唱龙舟、雕刻、沙湾飘色、沙涌鳌鱼舞等番禺传统民俗文化，对新一代而言，亲和度并不算高。您认为，应该如何创新发展传统文化，让它们更有生命力？

陈春声：我们主张做一些比较细的工作。如今，广东正经历一个比较迅速的城市化过程，许多乡村正发生着翻天覆地的变化。对比欧美，人家的乡村城市化程度也很高，但它的城市化不是表现在把乡村的老建筑都推倒重建，而是把乡村景观变成城市景观，让乡村人过上城里人的生活，改变人的思想和生活方式，而不是保留乡村的生活习惯，去做一个千人一面的城市。

我们的城市化不应是建一个乡村城市，应该反过来，做一个城市的乡村。如欧美乡村，房屋外表是传统的、古旧的，可是内部有电脑、抽水马桶，人们也是自驾车出行。而我们现在依然用老思路去推进乡村的城市化。当然，这个需要经济与文化发展到一定的程度才有可能执行。人均GDP过了1万美元就可以考虑这些事情，我们应该差不多可以做了。

南方日报：观点引申到文化方面，您更赞成把文化的精髓保留下来，用一种全新的方式去包装它？

陈春声：文化要跟个人生活发生关系才有用。外来人口与本地人对同

粤乐名曲《雨打芭蕉》陶醉了友人（谭若锋　摄）

番禺沙湾飘色巡游（郭长荣　摄）

一个地域的文化期待是不一样的。比如，我们曾做过番禺旅游文化研究，发现到番禺旅游，外来旅游者对番禺的印象停留在新潮、时尚、动漫等关键词。但我们去乡村问居民对文化的感受，居民们的回答自然是祠堂、飘色等。

这里还有一个问题：想要外来旅游者珍惜此地，番禺才有钱赚，这是商业的力量，番禺对自身的珍惜是不会产生价值增加的。这就要番禺政府思考，怎样让传统的东西更能吸引外来旅游者。这个不容易，旅游者世代交替，是会变的。下一代旅游者可能会对传统的东西感兴趣，但目前还没发展到这个阶段。

举个例子，我做台湾地区的研究时发现，大家都批评大陆旅游者外出旅游的种种陋习，台湾地区的人也在批评大陆人。殊不知，其实30年前，骂我们的人的爸爸在全世界各地留下同样的印象。30年前台湾地区的人也是说话很大声，随地吐痰，在飞机上高声聊天，拿着喝茶的杯灌XO，一杯一杯干……现在像你们这代人出去旅游就不会这样做，可是我们这代人就会，这是世代交替，也是教育的力量。所以，下一代旅游者或许会开始对听戏文化、对乡村文化感兴趣，番禺要等。

南方日报：照此理解，您认为传统文化都可以等？

陈春声：当然，文化不会断。不管是经济、社会、文化还是政治，大家总以为开了头之后，就会一直线性发展下去。其实不然，文化是某一种东西发展到人性的某种极限之后，就会回来的。比如，有的人感觉到现在传统文化被破坏得很厉害，文化就要完了，其实不会。当整个社会都很讨厌这种现状时，它就会回过头来。

南方日报：文化名片是城市文化符号的一种代表，“星海故乡”是番禺区充分展现岭南文化名区魅力的一张文化名片。就番禺的已有历史文化优势而言，您认为番禺在提升区域文化竞争力方面，还可以着力打造哪些领域的文化名片？

陈春声：坦白说，文化名片是一些文化官员创造出来的，是绝对恶劣的一个词语。怎么会用“文化名片”这样的词语？我见面给你一张名片，这就是我的文化。这样的东西是没有文化价值的。

如果你去佛罗伦萨旅游，什么时候问过佛罗伦萨的文化名片？不用讲，肯定没有。你会想到一个叫大卫的塑像，一个叫达•芬奇的画家。那个不是打造出来的，它就在那儿，也自然而然地内化在本地人的言谈举止中。

番禺推出过不少旅游文化示范项目，其中不乏惨痛的案例，比如多年前的飞龙世界、飞图梦幻银城，都以失败告终。文化真的不是这种东西。最好的文化就是番禺人很可爱，番禺的东西很好吃，这是不会变的。

》》谈番禺未来　推广地方色彩文化时更需要贴近民众

南方日报：就番禺的文化建设，您曾在相关论坛上提醒，“要尊重历史脉络，不拘泥行政区划”，要追求“为我所用”，不在乎“为我所有”。那么，番禺的文化建设该如何从行政区划的框框中跳出来？

陈春声：文化是历史积淀的结果。历史是一段很长的时间，你需要了解长时间的积淀，了解长时间的制度变迁，了解历史里的人，进而才会对文化有深刻理解，这是根本。

就像我们讲番禺文化，突然讲到澳门去了，但历史就是这样子，不要因为事情发生在现在的广州，而不是现在的番禺，我就不去管它。明清时期的《番禺县志》，打开仔细看，描述的大多数地方都不是现在的番禺。可是，事实上，跟番禺最有关的、最重要的记载都不在现在的番禺境内，当然要回到历史进程上看。

南方日报：番禺计划培育文化强区，这意味着番禺文化在具备文化引领、辐射和带动的功能的同时，也应形成岭南文化发展的番禺向心力。对此，您有什么建议？

陈春声：番禺该怎么做？应该要更好地培育文化空间，其实文化是通过一个个小空间表达的。比如，你在广州，走到一个小街巷或者听到一段古老的粤曲，你就会有一些特定的想法。

因此，要做文化空间的保育。这里提到的保育，一方面是保留现在乡村里存留下来的旧建筑、街巷，另一方面，要构筑新的文化空间。我们一直讲文化是新的，新一代成长起来了，要有让他们感兴趣的元素存在。如在旧建筑、街巷里，多一些喝茶喝咖啡的地方，多提供可供戏曲听客们活动的区域，甚至配备无线上网的空间等。

文化要亲民，我特别强调，文化不能用“惠民”这个词，必须用“亲民”，这是关键的。“惠”字带有布施、恩赐的性质，文化要让老百姓觉得舒服。

南方日报：你觉得在目前的情况下，番禺应该怎么发挥好现有优势？

陈春声：相信老百姓的智慧就行了，如果政府资金充足就多帮老百姓推广文化。我一直主张要亲民，文化要非常有心，一点一滴去培育。所谓的文化规划，只是指城建规划里的文化设施部分。

文化培育包括制度建设，比如举办乡土文化夏令营，让中小学生多跟乡村接触，中学开设有关乡土历史的课程，多搞一些乡村口述史，先把传统保留下来。

政府可以让乡村的各种文化活动尽量回归本源，让活动回归民俗、节庆、宗教等相关的脉络，而不是与现代性的节庆相连。比如，沙湾飘色挪到国庆节举办，这不太好。我主张，在传承具有地方色彩的文化之时，要特别贴近民众。

传统与现代　唯番禺两者兼得

番禺2200多年的历史积淀和丰厚的岭南文化，在今天仍然随处可见，依旧触手可及。

走在番禺的乡间，常常可看到一间间古旧祠堂掩映在郁郁芭蕉树后，紧偎在小桥流水旁。随处可见的祠堂、宗祠如同一卷卷拥有丰厚的岭南文化积淀的绵长历史画轴，静待有心人的发掘。

随着番禺的发展，传统文化中被融入了不少现代元素。有观点称，随着城市发展、城中村改造，广州市区很多本土文化的基础被摧毁，而南沙区未来发展更多考虑新型城市，只有在番禺能够两者兼顾，既守护本土文化又可向城市化大步走。

对于这种观点，身为"老广"的笔者非常认同。

作为最能直接体现传统文化的载体，番禺仍有381座大小不一、各具特色的古祠堂登记在册（截至2011年数据），并保留完好。这些古祠堂在保留了最原生态的本土文化色彩的同时，被赋予了新文化的功能，或作为阅览室、展览室，或成为村民文体中心等民间活动场所。古老的祠堂逐渐成为了解社情民意的窗口，也极大地推动着农村文化和各项事业的建设和发展。祠堂的新生至今是岭南文化保存中不可多得的亮点。

要知道，传统事物要做到与时俱进，说来容易做来难。

人类学家莫斯和列维-斯特劳斯等人视文化为特定社群集体意识的表现，也就是说同一社群具有共享同一文化的特性，这就是文化的共有性。从这一点看来，番禺文化的共有性颇强。番禺本地老中青三代居民对其文化的珍惜程度超越了珠三角多数区域，尤其是年轻一代的作为。正是这样强烈的文化共有性，让番禺文化更容易在飞速变化的信息时代，延续其魅力。

就在2013年10月，由中山大学承担的番禺文化发展战略基础研究课题成果正式发布，专家学者们分别从不同的角度，就番禺文化的多个重要问题提出了意见和建议。其中提到，番禺要在以乡土文化为根基的基础上发展现代城市文化，这样才能体现出番禺独具特色之处。

是的，番禺有值得骄傲的历史，有可以娓娓道来的文化，更重要的是，有一群珍惜并愿意推广番禺文化的可爱的人。

（本章采写／张西陆　陶达嫔）

第六章

起承转合：从艺术救国梦到文化兴城策

核心提示

10年前，在首都文艺界隆重纪念冼星海诞辰100周年活动上，时任中共中央政治局委员、中宣部部长刘云山高度评价了人民音乐家冼星海。他说今天纪念冼星海，就是要学习他热爱党、热爱祖国、热爱人民的崇高精神，学习他始终坚持走民族化、大众化道路的执着精神。

回顾冼星海的一生，我们可以说他短暂的40年时光中一直贯穿着艺术救国的梦想。1940年的晋西北抗日根据地，曾发生过这样一个事情：日寇伪装成我军，偷袭了村庄，后来乡亲们闻讯我军部队要进村，就全跑上山去了，以为又是伪军耍花招。战士们喊话无果，唱起了《保卫黄河》《游击队歌》《到敌人后方去》等七八首歌，乡亲们听完才高兴地说："这真是咱们的队伍回来了。"

在广东省文学艺术界联合会副主席、广东省音乐家协会主席刘长安眼中，冼星海令人敬佩的是他"天下兴亡，匹夫有责"的社会责任感，他与人民大众和国家命运走得最近，因此他发出了振聋发聩的时代最强音。

星海精神跨越了时代。今天在冼星海的故乡番禺，"星海"被培育成文化品牌，星海精神被传承和发扬，成为番禺区委、区政府建设文化强区的重要资源。文化是城市的名片，从星海艺术救国梦想到星海精神的现实发扬，我们看到一座新兴城区正在大步迈向转型升级的道路。

对　话

刘长安：文化成为城市经营不可或缺的灵魂

（刘长安，广东省文学艺术界联合会副主席、广东省音乐家协会主席）

》》艺术启示　艺术家有社会责任感才能发出时代强音

南方日报：冼星海在《创作札记》中谈到创作救亡歌曲时说："我是一个有良心的音乐工作家，我第一要写出祖国的危难，把我的歌曲传播给全中国和全人类，提醒他们去反封建，反侵略，反帝国主义尤其是日本帝国主义。"可以看出，1935年冼星海从巴黎回国后的音乐创作观有很大转变，如何评价其用音乐拯救处于水深火热之中的中华民族？

刘长安：《黄河大合唱》是冼星海创作曲目中传颂最广的作品之一，

通过对其时代背景和创作过程的分析，我们可以管窥一二。毋庸置疑，《黄河大合唱》是中国现代新音乐历史上的经典作品。其在生成过程中是如何在艺术地体现时代精神、反映强烈的民族解放这一崇高的功利性价值取向的同时，又较为完美地实现自身的艺术价值的呢?

从《黄河大合唱》文本进行分析，冼星海在《我怎样写〈黄河〉》中说，《黄河大合唱》的歌词“直接配合现阶段的环境，指出‘保卫黄河’的重要意义。它还充满写实、愤恨、悲壮的情绪，使没有到过黄河的人和到过黄河的人都有一种同感”。

《黄河大合唱》是一部包含着民族解放的政治激情，并且是以民族解放作为最终理想目标而创作出来的伟大作品。冼星海在当时所写下的每一个音符都是为这个理想目标而服务的。

南方日报：《黄河大合唱》在中国近代音乐史上拥有不可撼动的地位，除了饱含创作者艺术救国的激情外，还有哪些因素让它能够如此长盛不衰?

刘长安：在冼星海之后，中国诞生了大量的交响乐，但是真正从影响力来讲，还是没有人能够超越冼星海。大合唱在中国已经有70多年历史了，《黄河大合唱》一直伴随着大家走过来，伴随中国走向复兴的全过程。这首作品能够有这么强的生命力和感染力，受到那么多人的喜爱，被越来越多的人所认识，归结起来有几个方面的因素。

第一，冼星海的创作与中华民族的苦难连在一起，把握住了时代的脉搏。冼星海作为一名极富社会责任感的文艺工作者，积极投身于抗日救亡中。1937年七七事变后，他加入了上海话剧界救亡协会战时移动演剧第二队。离开上海后，他又到各地宣传推广救亡歌曲。1939年他光荣地加入中国共产党。他在日记中写道，这是他“生命上最光荣的一天”，并且表示要“去为无产阶级音乐来奋斗”。他把个人掌握的作曲技能，化为振兴中华民族的力量，将自己的创作与国家和人民的解放事业紧密联系在一起。

1938年春，上海抗日救亡演剧队二队在安陆与两个小战士合影，右二为冼星海（吴雍提供／FOTOE）

第二，冼星海从抗战救亡中汲取创作激情和灵感。一个伟大的艺术家要发出振聋发聩的时代强音，他的激情和灵感从何而来？单靠自身的感悟和冲动是很难坚持下去的。冼星海从抗战救亡中寻找灵感，伟大的民族复兴也催促着他以十足的热情进行创作。《黄河大合唱》这个作品他用了一个星期的时间完成创作，我们可以从中感受到他的激情澎湃，而他的创作激情是在中华民族到了最危难的关头时迸发出来的。

南方日报：冼星海的创作对现代的艺术工作者有哪些启发？

刘长安：我想冼星海给文艺工作者最大的启发是创作要带着强烈的社会责任感。

任何一个文艺工作者都有人生感悟和社会体验，创作中很自然地会把二者结合起来。艺术创作中有一句名言叫“愤怒出诗人”，这个愤怒可以是个人的愤怒，也可以是国家和民族的愤怒，冼星海的创作更多是来源于后者。

现在的文艺工作者面临着新的创作环境。当下国家实施强国和富民政策，而且要在国际上维护主权等等，这些时代因素对于文艺工作者来说便是一个激励，可以激发他们的创作激情。

我认为，虽然时代大环境会改变，但是艺术家反映生活、感悟生活和表现生活是永远不会变化的。随着社会发展，群众的生活不断丰富和提高，成为一种趋势和潮流。现在的时代与冼星海所处的时代并没有根本的区别，任何一个音乐家，写的东西自觉或者不自觉，都会带有社会责任感。

纯音乐也是一种个人情绪的表达，比如贝多芬等西欧作曲家的创作都离不了时代背景和个人体验，当然他们没有说为了一个明确的社会责任感而创作，但是他们的体验也是社会生活的反映。那个时代的西欧音乐家只能感悟到那个境界，因为有社会的局限。现在资讯发达，一个艺术家对社会的感知更加丰富和便捷，创作上也应该向冼星海学习，自觉表达出时代的声音。

》》音乐救国　一周创作《黄河大合唱》饱含民族自觉

南方日报：1938年10月，冼星海到了革命圣地延安。在冼星海短暂的40年间，延安一年的音乐创作流传最广，他达到了音乐救国的理想顶峰。冼星海在6天时间里创作出《黄河大合唱》，可见他对救国的迫切甚于一切。

刘长安：对冼星海的评价我们不能做过多的渲染。当时冼星海在条件艰苦的延安进行创作，没有专业的合唱团进行歌曲的演唱，而冼星海写出《黄河大合唱》是一件丰功伟绩，我们不可以也没有必要再对其艺术进行挑剔。

冼星海利用自己对音乐的造诣参与到救国救亡的革命运动当中。他对音乐创作有着时代的自觉性，又有着音乐的创作技术技巧和才能，还有对音乐的热爱。

南方日报：事实上，冼星海强烈的抗战救亡主题创作并非没有争议，在冼星海逝世后，当时有人讨论音乐创作应该更加纯粹。我们应该怎么理解这种声音？

刘长安：冼星海在世时，曾辩论过中国如果要设置一个音乐节，应当以聂耳的诞辰为音乐节。从这个细节我们可以看到冼星海的音乐价值取向。

在冼星海之前，中国已经有一些音乐家留洋归来。不少音乐家坚持沿用西洋乐风格，但是聂耳和冼星海的创作更多的是与大众群体相联系，更迫切为大众编写音乐。

现在我们回过来头再讨论聂耳和冼星海的音乐价值，讨论会更加自由宽松一些。其实，辩论双方都看到了音乐的功能，我们现在也已经理解了，聂耳和冼星海与劳动人民、革命事业走得更近一些。

》》艺术创新　催生当代新型歌曲的全面发展与成熟

南方日报：1935—1938年间，回国后的冼星海创作了几百首救亡歌曲，这时候的冼星海表现出强大的创作目的，这与他音乐救国梦是一脉相承的。那三年的救亡音乐创作应该如何评价？

刘长安：归纳起来还是社会责任感。革命的激情时时激励着他，他就想写革命的歌曲。当时广大人民群众体验到的，也正是这些东西。这些是就作家的思想和抱负来说的。另外，写出好作品还要有好的技巧，刚好冼星海出国留学学到了一些音乐创作的手法。因为他出国是专门学音乐的，在巴黎跟随很多著名的音乐导师学到了先进的、科学的创作技术和技艺。比如大合唱就是一种外来的形式。冼星海既有创作的激情，又有创作的技术，因此能写出这样的大合唱。

南方日报：我们常常可以体会到，冼星海的一些曲目中有着中国民间歌曲的东西，他利用中西形式与技法并行不悖地进行创作。从这个意义上讲，冼星海音乐创新对现代有什么启示？

刘长安：从《黄河大合唱》中，我们可以看出他对中华民族民间音乐是非常热爱的，很多地方使用了民间音乐的素材，《黄河颂》《黄水谣》《黄河怨》等曲目也非常有民族特点。

《河边对口曲》是采用黄河流域的山西地区的民间音调而写成的男声对唱加合唱队的艺术形式，这种写法在当时也是一种创新。音乐以近乎于念白的老乡对话形式隐喻中国男儿奋勇不屈的精神。《黄水谣》《黄河怨》两者中，前者是含有忧郁气质的黄河颂歌，只是在这里已没有了《黄河颂》中的自信与豪迈，因为“鬼子”来了，黄河母亲开始受到强盗的蹂躏，于是《黄河怨》的随后出现便成为一种理所当然。《黄河怨》“代表妇女被压迫的声音，被污辱的声音”，悠长的哭泣音调在哀怨、悲愤的情绪下展开。作品以一个具化的母亲面对黄河，哭诉自己丧夫失子的大悲哀和自己以身投河并以此来洗雪这种痛苦的决心。音乐与歌词相辅相成，这

20世纪30年代中期，冼星海在创作时的情形（吴雍提供／FOTOE）

是以艺术的手段对侵略者进行控诉的经典性作品。

可以说，冼星海等人的新音乐运动中的歌曲运动也在抗战时期趋于成熟。值得回味的是，这种成熟的主要动力来自社会现实中火热的对敌斗争生活，是现实生活的急迫需要促使新音乐由稚嫩而飞快、全面地成熟。

毋庸置疑，五四新文化运动时期、抗日战争时期“民主革命”和“民族斗争”的时代需求，对新音乐运动中群众歌咏运动的发展与成熟是一个“催化剂”。从这个角度来看，如果没有这几个时代的政治运动，也就不可能有中国近代、现代乃至当代新型歌曲的全面发展与成熟。

南方日报：我们该如何看待音乐作品与时代的紧密结合？

刘长安：目前有专门编写的交响乐也未必能超越冼星海的《黄河大合唱》。我国的艺术表现形式还很多，音乐只是其中的一种。关键是发展的得是民族的，是属于我们自己的文化。我们可以吸收借鉴来自外国的东西，科学地挑选适合自己的东西。每个国家和地区的音乐文化都是根据自己的语言和文化自然形成的。

》》“星海”传承　继承星海精神要有“天下兴亡，匹夫有责”的观念

南方日报：冼星海最让人肃然起敬的是全心全意用艺术为救国服务。当下我们应该怎么去理解这位人民音乐家的精神？如何去继承后人总结的星海精神？

刘长安：可以从历史的记载当中体会，也可以从作品中反映出来的精神内涵来感受。

现在的年轻人在生活中或多或少都会遇到困难，需要通过不断的磨炼。我认为，继承星海精神需要不断地增强“天下兴亡，匹夫有责”的社会责任感，把国家和社会的事情办好，我们才有机会办好自己的事。

南方日报：在当下，国内音乐发展的格局趋势已经与聂耳和冼星海时代的救国主题不同，现下中国音乐创作的氛围和主题是什么？

刘长安：主题之一还是要有为国家、社会和大众而创作的信念，特别是艺术创作不可仅仅停留在个人的感悟与喜怒哀乐上，特别是音乐创作更加需要有社会大众认同。从作家的角度看，作品要有宽广的视野，要有思想高度，不能局限于个人圈子。

南方日报：在有抱负的音乐人眼中，音乐人不可能永远纯粹地活在音乐之中，在特定的时期，音乐与国家和民族总是联系在一起。新时期里，中国音乐应该如何思考自身与民族振兴、文化兴盛的关系这个命题？

刘长安：人民永远需要艺术，每个时期都有不同的需要。文艺有寓教于乐的功能。新时期的中国音乐应学习老一辈的高尚品质，增加社会责任感，把艺术的追求与时代前进的步伐联系在一起，与广大人民群众的需求结合起来。

艺术家是人民灵魂的工程师，文艺工作者不能辜负了这个称号，当下更要担负起引导广大群众的正确价值观的责任。在增强人民的斗志和激情上也要做一些工作，把作品的思想性和艺术性发挥到更高的水准。

年轻的文艺工作者要向老一辈学习，把人生的追求和创作联系在一起。目前，绝大部分文艺工作者都能够做到将作品与社会和大众联系起来，因为他们知道这符合社会的需求。

中国正步入改革和转型深水期，文艺工作者要能够深入基层，沉得住气，在艺术上苦下功夫。比如习近平总书记提出中国梦后，很多跟中国梦相关的歌曲便出来了，这说明文艺工作者有紧跟时代创作的自觉。不过，从目前情况看，在文艺创作中也难免出现违反市场经济规律的东西，还欠缺精益求精、耐得住寂寞、克服浮躁情绪的艺术精品，这需要大家共同去努力。

南方日报：在音乐创作上要怎样坐得了冷板凳、耐得住寂寞？

刘长安：现在中国每年能够创作几万首歌曲，其中不乏大型交响乐，这反映了文艺工作者积极的创作气氛。好的音乐作品还需要得到大众的认同，现在社会大众在音乐欣赏上出现多元化倾向，艺术表现也应多元化发展。因此音乐创作还要考虑受众接受程度，要让大众去欣赏它。

》》星海效应　文化成为城市经营不可或缺的灵魂

南方日报：从20世纪80年代以来，番禺举办了多次星海艺术节、星海合唱节等文化活动，在禺山大地兴起了一股“星海”热潮，星海文化品牌得到更进一步传播。广州市番禺区地处珠江三角洲腹地，位于穗港澳“小三角”的中心，地理位置得天独厚。近年来，随着广州“南拓”战略的实施，作为广州新的现代化中心城区的番禺，城市建设日新月异，以“星

2011年番禺区第七届星海艺术节开幕式文艺晚会（谭若锋　摄）

海”命名的文化建筑俯拾皆是，星海精神是如何一步步成为番禺区带动新兴城市建设转型升级中不可或缺的内在动力的？

刘长安：区域的发展需要经济、社会与文化的支持，而文化能成为当地的一张靓丽的名片，可以引起各界的关注和重视。番禺本身的文化底蕴相当丰富，是广东音乐的发祥地。学习纪念冼星海，发扬传承星海精神是对音乐文化的一种肯定。

从1986年番禺区举办首届星海艺术节开始，番禺区便开始有意识地发挥星海精神，建设星海品牌。依靠星海品牌，禺山大地把文化培育为城市不可或缺的灵魂。

没有文化的城市是没有长远吸引力的，文化建设不仅需要大力宣传，而且需要实实在在的平台和载体，星海艺术节是一个很好的文化交流合作平台。在艺术节上开展的一系列主题文化活动，不但让老百姓享受到番禺文化发展的成果，也有力地擦亮了星海文化这块金字招牌。

在这块金字招牌下，番禺充分挖掘星海故乡、广东音乐、岭南画派发源地等历史文化资源，弘扬星海精神，突出“名人故里”文化特色，为城市的转型升级注入了精神动力。

艺术节要继承冼星海灿烂光辉的艺术，弘扬星海精神，结合现代化建设，把星海精神培育成番禺的文化品牌。可以说，国家在经济建设达到一定高度以后，文化建设的高潮就到来了。当文化发展迈上一个新台阶时，也自然而然地凝聚了城市的精神和力量，文化视野上的提升是一个城市发展最为坚实的基石。

南方日报：有学者担心，岭南文化没有消失在战争里，却要消失在繁华里。当一个地方人均GDP达到2000美元时，社会就会出现怀旧潮流。确实，在现代化、城市化的历史进程中，岭南文化既不断受到冲击，也被注入了新活力。在文化强省的统领下，番禺将如何推进岭南文化与时俱进？

刘长安：这确实是一个需要思考的问题。在广东建设文化强省、番

2013年，番禺区举办了第八届星海艺术节系列活动（谭若锋　摄）

番禺龙舟赛（郭长荣　摄）

禺建设文化强区的统领下，番禺除了培育星海品牌，以加强文化认同感的同时，更应该突出岭南文化“非遗”保护。当前，番禺先后涌现出全国“民间艺术之乡”“飘色之乡”“龙狮之乡”“广东音乐之乡”“龙舟之乡”“鳌鱼舞艺术之乡”以及“民间文化杰出传承人”，实现了“村村有绝活、镇镇有品牌”的文化景观，极大地提升了番禺的文化品位。

我们还要看到，番禺的非物质文化遗产相当丰富，加大力度保护并发挥文化遗产的作用将能进一步完善文化强区的建设。目前这些丰富的文化遗产还没有像星海品牌一样形成文化聚焦亮点，还未成为番禺显著的软实力。一个文化名城同时也是一个对传统文化拥有怀旧情绪的城市，番禺应该把这些有影响的东西整合起来，使它成为高端文化。这不仅对番禺区，而且对广州市、广东省的经济文化都有重大的影响。

作为岭南文化孕育地的番禺，当下有必要加强历史文化的研究、宣传和利用，特别是将各方面文化要素进行整合，做中长期规划。我认为，番禺要把发展历史文化的眼光放得更高一些，甚至可以将其放在岭南文化、中华文化的大背景下，凸显出独特地位。

南方日报：目前，番禺最为靓丽的文化名片是人民音乐家冼星海，番禺要在文化建设上凸显出独特品性，还需要因地制宜地挖掘哪方面的文化内涵？

刘长安：番禺的另一张名片是广东音乐。建议番禺创作一批具有广东特点的交响乐，我觉得在这个方面番禺可以利用自身的优势，大有可为。

番禺已经利用星海艺术节平台，不断引进国外高端的音乐，并且让艺术欣赏更加惠民。星海艺术节是一个“拿进来”的舞台，同时也是“走出去”的平台。番禺应该谋划让星海品牌及冼星海音乐走向世界。令人惋惜的是，冼星海一生创作的很多曲目还没有得到完整的整理和展示，对一个有着文化自觉的城市而言，应该不断向外推介宣传自己的品牌。

除了冼星海，番禺也负有向外传播广东音乐的使命，比如可以推出广东音乐、“何氏三杰”等，让民间艺术“走出去”。广东音乐作为一种具有浓郁地方色彩风格的音乐，可以运用到任何反映岭南文化特色题材的音乐当中。但是要想做出味道来，在吸收的同时必须进行升华和创新，让音乐更加具有灵性，更容易被老百姓接受，让广东音乐得到发展。在这个基础上，番禺还应该建设更多博物馆、更多民间文化传承基地，塑造民俗艺术之乡。

南方日报：文化创意产业在城市发展中具有不可替代的作用。番禺是广东音乐的发源地，沙湾镇是岭南知名古镇，在文化兴城的过程中，这些文化因素应该如何有效使用？

刘长安：广州市番禺区沙湾镇始建于南宋，800多年来孕育了独具广府乡土韵味的文化，成为闻名珠江三角洲的古镇之一，是目前广州市唯一的国家级历史文化名镇。

沙湾形成并保留了以传统历史文化和民间文化为主体的岭南文化，飘色、龙狮、广东音乐、砖雕、灰塑、鱼灯等，如一朵朵盛放的艺术奇葩，绽放出迷人的光芒。“诗书世泽”“诗礼传家”的读书之风更是代代传承，发扬光大。

宝墨园龙图馆外墙上有关包拯故事的砖雕，集清官文化、岭南古建筑、岭南园林艺术、珠三角水乡特色于一体（曾志提供／FOTOE）

德国哲学家米切尔·兰德曼曾指出，不仅我们创造了文化，文化也创造了我们。个体永远不能从自身来理解，他只能从支持他并渗透于他的文化的先定性中获得理解。

第三只眼看番禺

在星海的故乡，我们触摸到激情的温度和高尚的理想

经济是“形”，文化是“神”，经济发展了，文化跟上了，才能“形神兼备”。在建设文化强区的雄心壮志中，番禺精心安放下了星海品牌的坚实基石，从1986年首届星海艺术节以来的近30年间，一系列以“星海”命名的学校、文化广场、文化馆等相继出现。番禺的星海品牌已经深入人心，我们有必要重

新梳理和继承星海精神。

在抗日救亡时期，星海精神体现为爱国、勇于革命、自觉紧跟时代的脉搏。星海精神超越了时代，在广东省音乐家协会主席刘长安眼中，星海精神是富于社会责任感、发出时代最强音的体现。

在冼星海的故乡，星海文化名片随处可见，星海精神成为一座城市孜孜以求的品质。从艺术救国梦到文化兴城策，这其中必定有着一脉相承的元素。

城市的发展需要人才聚集和价值认同的强力支持，文化有着一种令人惊讶的韧性。番禺多年来通过培育星海品牌，打通了民间和政府两个话语体系，这为新兴城区的转型升级提供了沟通的桥梁。近年来，番禺先后修建了番禺广场、文化中心、番禺博物馆、冼星海纪念馆等文化惠民工程，在"政府搭台，群众唱戏"的背景下，番禺文化品牌和文艺精品层出不穷，强势推介番禺新城形象，打响了番禺文化品牌。

笔者观察到，随着文化发展力量被激活，番禺文化品位顺势提升，番禺"文化古邑、水乡新城"发展定位水到渠成。文化的力量为这片拥有2200多年历史的热土注入了发展新机，进而带动新兴城市建设的转型升级。

文化是一座城市的灵魂，更是每个人必不可少的精神食粮。借助星海品牌发展三十年的番禺，未来发展中离不开一个新的命题：如何从文化名区变成文化强区？文化培育离不开一个设计长远的系统性工程，在"星海"成为一张靓丽的名片之时，其他文化项目也要逐步擦亮品牌。番禺的文化库极为璀璨丰富，比冼星海还要知名的是独具特色的广东音乐。得益于地缘优势，广东流行音乐曾经在改革开放初期遥遥领先于全国，30年后复兴广东流行音乐突然进入大众的视野，不禁令人感慨唏嘘。是的，文化虽有韧劲，却是流动最自由的艺术。究根结底，在资讯发达的时代保持文化遥遥领先几乎不可能，但是发展多链条式的文化产业，却可以处于不败之地，这正是建设文化强区必须面对的现状。

1938年在革命圣地延安，冼星海用了一个星期的时间创作出《黄河大合唱》。再次聆听这首大气磅礴的乐曲，我们仍然能触摸到激情的温度。著名作曲家亨德尔说过，“假使我的音乐只能使人愉快，我很遗憾，我的目的是使人高尚起来”。从艺术救国梦到新兴城市梦，在冼星海的故乡，我们触摸到了后继者们激情的温度和高尚的城市理想。

（本章采写／马喜生）

第三篇

梦想与谋局：培育岭南文化名区

【综 述】

一部人类文化发展史，实际上就是一部文化创新史。只有不断创新，文化才能迸发活力，充满创造力，形成竞争力。

建设社会主义文化强国，是党的十七届六中全会明确的战略目标。全会通过的《中共中央关于深化文化体制改革　推动社会主义文化大发展大繁荣若干重大问题的决定》（简称《决定》）指出，我国文化发展同经济、社会发展和人民日益增长的精神文化需求还不完全适应，其中的一个突出矛盾和问题是："一些领域道德失范、诚信缺失，一些社会成员人生观、价值观扭曲。"因此，"用社会主义核心价值体系引领社会思潮更为紧迫，巩固全党全国各族人民团结奋斗的共同思想道德基础任务繁重"。《决定》明确要推进社会主义核心价值体系建设，使之融入国民教育、精神文明建设和党的建设全过程，贯穿改革开放和社会主义现代化建设的各个领域，体现到精神文化产品创作生产传播的各个方面。

党的十八大报告更把"文化软实力显著增强"列为全面建成小康社会必不可少的五项新要求之一，并对"显著增强"提出了三个方面的总体要求：一是社会主义核心价值体系深入人心，二是文化产业成为国民经济支柱性产业，三是社会主义文化强国建设基础更加扎实。这三个方面的总体要求，表明我们党对提高文化软实力的要求越来越高、越来越具体，归根到底就是对文化软实力越来越重视。中国的和平崛起，以及与之相随的民族自信心的增强，同样需要一种基于价值传承与价值创新的文化自觉，需要文化的光照与引领。而文化强国，强就强在文化创新。

2014年3月27日，习近平总书记在联合国教科文组织总部的演讲中指出：“没有文明的继承和发展，没有文化的弘扬和繁荣，就没有中国梦的实现。中华民族的先人们早就向往人们的物质生活充实无忧、道德境界充分升华的大同世界。实现中国梦，是物质文明和精神文明比翼双飞的发展过程。”“每一种文明都延续着一个国家和民族的精神血脉，既需要薪火相传、代代守护，更需要与时俱进、勇于创新。”习近平总书记的这些重要讲话，不仅反映了中央对文化建设的高度重视，而且彰显了以文化复兴助推民族复兴的坚定决心。

站在新的历史起点上，世界范围内已经达成的共识是：谁拥有强大的文化软实力，谁就能够在未来的激烈竞争中获得主动。而以什么样的视角认识文化，以什么样的态度对待文化，以什么样的思路推动文化创新，是我国文化建设必须解决的重大课题。广东省委、省政府明确提出要加快转型升级、建设幸福广东，实现“三个定位、两个率先”，把面向不远将来的美好愿景变成现实。我们必须付出艰辛的努力，持之以恒地埋头苦干。实现的路径，其中之一就是必须突出文化引领，推动文化创新。也就是说，建设幸福广东不仅要进一步提升人民的物质生活水平，更要进一步提升人民的精神生活水平。没有文化的支撑和精神的富足，就没有真正意义上的幸福广东。以番禺而言，若要在珠三角发展方式转型中担当排头兵，面对日益激烈的国际国内文化竞争和文化与经济加速融合发展的新趋势，就必须充分认识文化建设在提升公民素养、促进社会和谐、推动加快经济发展方式转变中的重要地位和作用。

突出文化引领，需要明确两个重要的理念：一个是文化对于经济社会发展的意义与作用是什么，这涉及的是“文化有什么用”的问题；再一个是由谁来引领文化，涉及的是“文化发展的主体是谁”的问题。时至今日，当世界各国都愈益认识到文化这个决定发展后劲的“软实力”之后，许多发达国家的文化产业在规模上渐成支柱，以“朝阳产业”的姿态屡创奇迹。文化在引领发展、引领风尚、引领时代，甚至越来越成为民族凝聚力和创造力的重要源泉，越来越成为综合国力竞争的重要因素，越来越成为经济、社会发展的重要支撑。这就是文化的“用处”。那么，谁来引领呢？文化人才无疑是推动文化改革发展的中坚力量，若要社会主义文化大发展大繁荣，需要培养造就一大批掌握先进思想和知识的优秀文化人才，特别是文化领军人物。而人民群众作为推动文化改革发展的基本力量，更要充分发挥他们的积极性、主动性、创造性。

文化发展的实质，就在于文化创新。文化创新，是社会实践发展的必然要求，也是文化自身发展的内在动力。广东是中国的经济大省，这一点早已无可厚非，但广东如何建成文化强省，一直以来是我们着力突破解决的问题。因为没有文化的提升，广东的发展后劲同样不足。转变经济发展方式，没有思想、观念、文化心理上的率先转型，将沦为一句空话。与此同时，当文化产业、创意产业正在成为当今经济发展的新增长点，广东文化创意产业的势头虽然不错，但影响力在内地全面竞争的态势下，还未能占据优势地位。突出文化引领，成为建设幸福广东的当务之急。《广东省建设文化强省规划纲要（2011—2020年）》提出，力争用10年左右时间，达到与广东经济社会发展相适应的文化发展水平，把广东建设成为在全国具有重要影响力的区域文化中心、发展社会主义先进文化的排头兵、提升我国文化软实力的主力省、中国文化“走出去”的生力军及率先探索中国特色社会主义文化发展道路的示范区。其中明确“实施岭南文化遗产保护工程”，要“加强对重点文物、非物质文化遗产、古籍的有效保护、开发和利用，保护和发展文化遗产”。实际上，文化在继承的基础上发展，同样包含着文化创新的意义。

近年来，在深入挖掘各镇街传统文化的基础上，番禺先后涌现出全国“民间艺术之乡”“飘色之乡”“龙狮之乡”“广东音乐之乡”“龙舟之乡”“鳌鱼舞艺术之乡”以及“民间文化杰出传承人”，通过精心策划的一道道文化盛宴，擦亮了一个个岭南文化品牌，使得民间艺术形式和文化样式得以继承创新，发扬光大，进而实现了“村村有绝活、镇镇有品牌”的文化景观，极大地提升了番禺的文化品位。

在番禺的诸种文化特质中，能够担当引领“龙头”的，无疑非星海文化莫属。在新的历史时期，星海作品中的爱国主义情操与情怀，不仅魅力丝毫不减，而且为我们继续进取提供了绵绵不绝的丰富营养。冼星海自觉地把音乐家灵魂的骚动和美的呼唤，同民族的、人民的命运和愿望密切结合起来，这是他的创作取得成功的基本经验。这也决定了冼星海既是一位伟大的音乐家，更是一个“大写”的人。因此，我们不仅要传承星海的音乐，更要传承星海的品格。当年，冼星海坚定秉承着音乐为“民族解放”而歌唱的艺术观，当我们“顶天立地站起来”之后，当我们“改革开放富起来”之后，我们要坚定的则是“民族复兴”的理想信念。习近平总书记提出的伟大的“中国梦”，既深深体现了今天中国人的理想，也深深反映了前人不懈奋斗追求进步的光荣传统。

冼星海是中华民族的骄傲，更是番禺的骄傲。他所留下的数量众多的音乐作品，他那些浸满学术思想的理论著述，是我们永远取之不竭的宝贵文化财富。

（撰文／田东江）

第七章

蓝图勾勒：星海品牌与番禺文化战略构想

核心提示

番禺文化正逢发展机遇。

近年来，番禺区作为广州市“南拓”发展的重点区域，各类大型现代化新社区不断涌现，具有高层次文化素质和较高收入水平的居民数量不断增加。这不但扩展了全区商业市场，也使全区文化消费市场迅速扩大。这为番禺区文化发展提供稳定的消费市场，也为文化人才的发展提供了机会。

从更大的格局来看，此前的金融危机导致世界经济增长模式深度调整，各国都把科技创新和新兴产业作为抢占经济发展战略制高点的突破口，以新一代信息技术、文化创意、绿色能源、节能环保为代表的低碳经济将成为新一轮经济增长的主要动力。

“番禺区可打造宜居、宜业、时尚、文明、价值凸现的‘广州时尚创意都会区’，积极创建全国公共文化服务体系示范区。”在广州市社会科学院副院长尹涛看来，番禺可扎扎实实地向着文化名区的目标迈进，其文化发展的空间布局应该是一核驱动、两带并举、五区联动。

具体来说，一核驱动，即以时尚创意发展核，以钻汇珠宝广场、中颐创意园、大夫山森林公园等为依托，发展时尚创意、休闲旅游等文化产业，建设国际时尚创意中心。

两带并举。一是番禺大道五星休憩带，可建设万博、汉溪、洛浦现代展贸商务区、市桥都会休闲娱乐区、沙头岭南美食城和草河生态农业休闲区。二是市桥河休闲旅游带，完善大量祠堂、庙宇等古建筑和商业遗址、民居遗址，保护与发展广东音乐、飘色、龙狮、兰花、饮食等民间艺术和民俗文化。

五区联动，即动漫游戏创意发展区、长隆演艺旅游发展区、南站商务文化发展区、观音文化休闲旅游发展区、演艺设备文化产业发展区。

如何实现上述发展目标？本章对尹涛进行的专访，从番禺文化的根脉出发，探讨传统文化的活化与升华，探寻创新文化发展背后的动力。

对　话

尹涛：番禺成为星海文化的传承地

（尹涛，广州市社会科学院副院长）

》》文化根脉中求发展

南方日报：对于番禺区而言，从区域发展的角度，文化软环境与文化软实力建设有什么重要意义？

尹涛：文化是民族的血脉，是人民的精神家园。“全面建成小康社会，实现中华民族伟大复兴，必须推动社会主义文化大发展大繁荣，兴起社会主义文化建设新高潮，提高国家文化软实力，发挥文化引领风尚、教育人民、服务社会、推动发展的作用。”这是党的十八大报告的内容。

从区域的角度看，文化是城市的灵魂，是城市的精神支柱，同时也是一座城市经济社会全面发展的内在源泉。文化作为一种软性的力量，主要包括四方面内涵：一是以价值观、城市精神为核心的文化凝聚力，二是以文化繁荣为标志的文化创造活力，三是以城市形象、城市品牌和历史风貌为核心的文化识别力，四是以文化输出为核心的文化辐射力。充满活力的城市文化能增强城市各阶层、各群体的归属感和认同感，增强凝聚力和向心力，为城市全面发展提供源源不断的强大精神动力。

传统上，番禺是“千年古邑，岭南水乡”。未来一段时期，番禺区可以快速发展经济实力为支撑，推动文化繁荣发展，增强文化软实力。因此，无论是从区位竞争的角度，还是从全面建成小康社会的宏伟目标的角度，增强文化软实力对番禺而言都具有特别重要的意义。

南方日报：番禺历史悠久，是岭南文化、广东音乐的发源地之一，又是岭南传统建筑的集中地，素有“文化之乡”的美誉。在您看来，番禺的文化根脉包括哪些内涵？

尹涛：目前，番禺正在以建设广州市现代化新城区为目标，加快转型升级，建设幸福番禺。在经济快速发展和社会大转型的过程中，番禺的历史文脉一直延续并且有了新的发展。

番禺传统文化资源非常丰富，经过多年的整合与打造，传统品牌受到越来越多人的喜爱，包括沙湾广东音乐，沙湾和南村员岗、化龙潭山的飘色，化龙潭山和石碁凌边的乞巧，沙湾沙坑及钟村、南村、市桥珠坑、沙头汀根、大龙新桥等地的龙狮，等等。其中，经过改版后的大龙街沙涌鳌鱼舞在甘肃省平凉市参加“第九届中国民间艺术节暨第十一届山花奖•民间广场歌舞”评奖活动中荣获金奖，是代表广东省参加本次评奖活动的唯

番禺沙涌鳌鱼舞（Windy提供／FOTOE）

一一个节目。2012年鳌鱼舞代表广东省赴韩国参加“广东活动周”非物质文化遗产展演活动，登上了国际舞台。

番禺文化遗产也很丰富，现有国家级文化保护单位3处，省级4处，市级33处，区级20处，区登记单位669处。在非遗方面，全区已建立起比较完善的非遗保护制度，初步形成国家、省、市、区四级非遗保护体系，目前拥有国家级名录3个，省级名录7个，市级名录8个，区级名录21个。

番禺是人民音乐家冼星海的故乡。多年来，番禺通过挖掘星海故乡、广东音乐、岭南画派发源地等历史文化资源，弘扬星海精神，突出“名人故里”文化特色，精心培育了一系列星海文化品牌，番禺也成为星海文化的传承地。

南方日报：星海文化品牌建设在番禺区乃至广州市文化建设中的重要性体现在什么地方？

尹涛：国内外许多城市都将独特的文化打造为有影响力的文化名片。从国外看，维也纳继承悠久的历史文化传统，培育音乐之都，从而成为享誉世界的文化名城。从国内看，成都市以“东区音乐公园”为载体建设的“东郊记忆”，是集合音乐、美术、戏剧、摄影等文化形态的多元品牌，成为成都重要的文化名片，在国内具有广泛的影响力。但从目前来看，广州在全国“叫得响”的城市文化名片很少。广东音乐是岭南三大艺术瑰宝之一，广州有擦亮广东音乐文化品牌的历史责任。因此，建设星海文化品牌，可以重新擦亮广东音乐文化品牌，将广东音乐培育成在国内“叫得响”的文化名片，提升番禺和广州的文化品位，积极有效地推介番禺和广州新形象。

要培育这张“叫得响”的文化名片，需要广泛发动社会各界力量参与星海文化品牌建设，深度挖掘番禺历史人文资源，将番禺的历史人文资源塑造成番禺人共同的文化图腾，增强番禺人的文化自豪感。同时，举办一系列星海文化品牌建设中的基层群众文化活动，可以改善群众生活品质，满足人民群众多元需求，使星海文化品牌建设成为文化惠民的“新亮点”，建设人们心中满意的幸福番禺。

毋庸置疑，文化软实力已经成为决定国家和地区竞争力的重要因素。我们党和国家已经把提升国家文化软实力作为实现中华民族伟大复兴的新的战略着眼点。城市形象、城市品牌和历史风貌为核心的文化识别力，是文化软实力的典型代表。目前番禺诸多优秀的文化传统资源尚处于初步开发、提升和转化的阶段，城市文化内涵有待挖掘。以星海文化品牌建设为突破口，可以激活广东音乐、岭南画派、沙湾飘色、沙涌鳌鱼舞、沙坑龙狮、潭山飘色、黄阁麒麟、民间曲艺、凌边乞巧、咸水歌、“三雕一彩一绣”等一系列民俗和民间艺术品牌的现实活力，增强番禺的文化软实力，培育品味高尚、魅力独特、文化彰显的文化名区。

》》传统文化的活化与升华

南方日报：番禺有2200多年的文化积淀，形成了鲜明的文化特色，成为番禺区别于其他地方的主要标识。番禺未来的发展如何既突出历史文化底蕴，又体现时代文化风采，充分彰显番禺城市文化特色？

尹涛：2200多年来独特的岭南文化包含着丰富的文化软实力要素，新时期延续历史文脉，一定要古为今用、推陈出新，使之适应现代社会发展，与现代文明相协调。首先要加强对历史文化资源的保护，正确处理城市高速发展与历史文化名城保护的关系，完善历史文化名城保护规划和文物信息数据库，公布一批积淀丰富人文信息的历史街区、古村落、宗祠和具有地域文化特色的传统民居保护名单。

其次要更新文化保护观念，注重活化历史文化。事实上，大量载体的消失，造成了岭南文化观念以及形象的缺失，而番禺恰能弥补这一缺失。番禺目前是古村落、传统街区、新型住宅区结合，大量物质、非物质遗产的传承，足以体现岭南文化价值的现代意义。以沙湾古镇保护性开发为活

化历史建筑试点，在保护建筑原貌、结构的基础上，采取连片开发历史文化街区或推出单个历史建筑物的办法，注入商业管理元素，再度产生社会和经济效益。

此外，还要进一步挖掘岭南建筑、宗祠、园林、绘画、音乐、饮食、雕塑等丰富内涵，使之融入广大市民的日常生活，培育富有岭南特色的文化生活品牌。比如结合番禺博物馆二期工程建设，通过雕塑重现等形式，把番禺博物馆及周边地区建设成为集中展示古代岭南地区人民生产、生活情景的“岭南文化博览园”。

南方日报：沙湾古镇是岭南特色历史文化遗产，在新时期的建设中，如何活化和升华这份传统文化遗产？

尹涛：沙湾古镇首期工程已基本完工并对外开业，获得全国文明村镇、国家卫生镇、中国历史文化名镇、中国民间艺术之乡、中国文化旅游名镇、中国兰花名镇、全国文明小城镇示范点、广东最美丽乡村示范点、广东省教育强镇、广东省旅游特色镇、广东省专业镇标准化示范点、广东省技术创新专业镇、广州市精神文明建设“十面红旗”等众多荣誉称号，是目前广州市唯一的国家级历史文化名镇。

活化和升华这些传统文化遗产，就要对其进行充分保护和宣传，对沙湾古镇的古建筑、文物古迹、历史街区、建筑高度、特色街巷、传统民居、岭南园林、道路系统等进行保护控制，擦亮文化名区品牌。

南方日报：除了沙湾古镇，番禺还可以利用哪些历史文化资源来建设休闲旅游带？

尹涛：比如番禺大道五星休憩带，以番禺大道为黄金主轴，北至番禺大道番禺大桥收费站，南至沙湾大桥收费站，西至105国道，东至南沙港快速路，总面积约15266公顷。这一带可以以高端特色商贸业和休闲旅游业为抓手，发展以观光旅游为基础、休闲度假为主导、文化旅游为亮点的复合

俯瞰安宁西街（李焕群　摄）

型休闲文化旅游产业体系，重点建设万博、汉溪、洛浦现代展贸商务区，市桥都会休闲娱乐区，沙头岭南美食城和草河生态农业休闲区。

还有观音文化休闲旅游发展区，可以以莲花山为核心，依托国内罕见的具有2000多年历史和保存得最完好的古采石场遗址、建于明代万历年间的“省会华表”莲花塔、清代康熙年间建造的莲花城以及新建的世界最高的箔金观音立像，举办莲花节和桃花节，发展休闲旅游，保护和发展观音文化和莲花文化。

南方日报：番禺区培育广东音乐之乡的战略构想有哪些理论和现实基础?

尹涛：番禺区培育广东音乐之乡有着丰厚的历史文化基础。番禺历史悠久，人杰地灵，至今已有2200多年历史，是中国最古老的县之一。番禺是岭南文化发源地之一，历史上曾涌现出广东音乐代表“何氏三杰”，岭南画派代表人物高剑父、高奇峰、陈树人，一代奇才屈大均，“人民音乐家”冼星海等一大批文化名人，素有“文化之乡”美誉，也被称为“广东音乐之乡”。

番禺区培育广东音乐之乡，也有一定的品牌影响力，比如何博众、何柳堂、何少霞、何与年等众多广东音乐名家曾创作出《赛龙夺锦》《雨打芭蕉》《饿马摇铃》等传世不朽的广东音乐名曲。

番禺区还有较强的人才支撑队伍。番禺区辖内的广州大学城聚集了华南地区10所著名的高校、15万师生和一大批优秀的专家学者和科技人才。依托广州大学城高校资源优势，联合广东文艺职业学院、番禺职业技术学院、广东女子学院等区内高职院校，番禺可以很好地开展广东音乐知识推广和展演活动。

番禺区培育广东音乐之乡有现实的载体。从有形的载体看，番禺作为广东音乐发源地，至今仍完整保留了三稔厅、惠岩祠、何少霞故居等广东音乐发源地遗址，有中国最大的冼星海纪念馆、星海公园，还开设了星海小学、星海中学等学校。从无形的载体看，番禺搭建了若干广东音乐交流平台，星海艺术节、恳亲大会、新年音乐会、美食节、私伙局比赛等成为展现广东音乐的常规载体，特别是星海合唱节经过连续多届的举办，已成为影响深远的合唱盛事。

在理论基础方面，番禺区委、区政府历来重视对星海文化和广东音乐的理论研究和总结。多次组织国内外专家学者对冼星海文化精神和广东音乐进行研究和传承，塑造了“番禺讲坛”“番禺论坛”“禺山论见”“悦读茶座”等高端理论宣讲品牌，通过表演、现场展示、展览、讲座、免费传承班等形式开展广东音乐的宣传和推广。

尤为值得注意的是，番禺区旅游业发达，有长隆旅游度假区、莲花山旅游区、宝墨园等在国内外较具影响力的旅游景区。2014年全区接待游客3012.35万人次，增长14.6%，旅游总收入280.97亿元，增长32.7%。番禺也是我国著名侨乡之一，有海外侨胞、港澳同胞近100万人，华人华侨社团40多个。依托海外华侨网络，番禺先后与韩国、德国、美国、智利、意大利、捷克等国家的城市建立友好城市关系，开展多方位、多元化的对外交流。数量巨大的游客、庞大的侨胞队伍、广泛的友好城市网络构成番禺广泛而深远的文化传播体系，可以将番禺“广东音乐之乡”的文化名片向国内外传递。

》》传统文化与现代文化交相辉映

南方日报：广州新型城市化发展战略将把番禺区沙湾水道以北地区纳入广州大都会区范围，番禺区未来如何建设宜业、宜居、时尚、文明、价值凸现的“广州时尚创意都会区”？

尹涛：建设时尚创意都会区，首先要加强番禺时尚创意发展状况的调查研究。由于“时尚创意”是一个比较模糊的概念，边界尚不清楚，与其他行业交叉重叠较多，所以需要做些基础工作，摸查企业、行业发展基本

番禺的现代化城市景观（越良钊　摄）

情况，做好全区时尚创意产业产出、就业等方面的数据统计。同时需要从文化教育培训、扶持个人创意及提倡时尚创意生活等方面，研究如何帮助市民发展及享受时尚创意。

近年来数字化、多媒体技术的快速发展，对生活、生产及时尚创意产业都产生了深远的影响。为此，需要采取一系列措施，推动时尚创意产业数字化发展。

建设时尚创意都会区还要把时尚创意与公共文化服务结合起来。用数字化技术丰富市民生活，丰富博物馆、图书馆等公共文化设施，逐步将所有数据档案数字化，并通过教育培训等方式，支持市民的创意发展，提供公民与时尚创意接触的机会，让人们享受富有创意的时尚生活。

南方日报：为了重构“美食之都”的国际形象，广州2012年出台了《建设国际商贸中心实施意见》，规划了13条餐饮文化主题鲜明、具有地标效应的特色美食街，其中之一即是“番禺大道美食街道”。番禺如何建设美食之区？

尹涛：规划中的“番禺大道美食街道”长13公里，从番禺大道番禺大桥收费站开始到沙湾大桥收费站，建成后将是广州最长的一条美食街。以美食、休闲、文化、旅游、商贸为依托，番禺大道五星休憩带（美食集聚区）将被建成“世界级美食之都”。

“味在番禺”的基础是此地气候适宜，物产丰富，各村镇饮食富有特色，既有农庄特色休闲，又有以“水”为主题的海鲜、河鲜系列，还有中西菜的交融与创新。比如迎宾路的美食街汇聚中高档饮食，洛溪的美食街汇聚全国饮食，金山大道则汇聚农庄、各镇农家菜的美食。

建设美食之区，可以以南沙快速路各节点（区域、地标、符号）为主题，提炼沙田区、种植区、养殖区各具特色的物产美食，建设绿色旅游。在发掘旅游美食方面，可以以当地食材为设计，以土产为号召，强调物产知识与美食，如蔗地蕉田美食的深度开发、莲藕果蔬的季节开发、养殖与种植的观光开发。

知识性饮食是未来趋势，不应仅限于“农庄风格”，比如开设美食坊，构建私家厨房式、自助式、农田耕种、烹饪课堂。此外，还可以建造番禺小吃长廊，有着广阔的民间饮食作为基础，可以打造永不落幕的美食

2014年广东美食欢乐节在番禺沙湾古镇留耕堂广场举行，许多市民和游客前来品尝美食（肖雄　摄）

节以及展示各地物产的平台。

更重要的是，建设“世界级美食之都”需要一大批美食人才。番禺区历来有大批的烹饪大师，但这还不够，需要将美食文化化，策划美食节庆活动，将美食与旅游、美食与岭南文化、美食与养生文化结合起来，这就需要培养一大批烹调大师之外的美食文化专家、美食旅游专家、美食传播专家等复合型美食人才。

南方日报：广州南站、大学城、广州国际创新城等新兴城市综合体的建立，为番禺文化赢得了怎样的发展机遇？

尹涛：随着广深高铁、京广高铁投入运营，以及随后南广、贵广等多条高铁投入运营和珠三角城际铁路网的形成，广州南站将成为亚洲最大的铁路枢纽站和客流集散地，番禺将成为向世界展示岭南文化的第一窗口。

在建设南站商务文化发展区方面，可利用中国六大铁路客运枢纽之一的优势条件，依托武广、贵广、南广、广深港、深茂等多条高铁线路，港澳直通车，以及广珠城轨、广佛肇城轨、广佛环线等城际轨道交通，发展文化会展、文化贸易、商务服务等行业，建设广州联通泛珠三角的高铁文化经济带，通过提升广州的文化影响力和辐射力来增强番禺文化在全市的地位。

此外，定位为“广州智谷”的广州国际创新城未来将形成“一轴、双廊、两带、三区、十大组团”的规划结构。“一轴”是指大学城中轴线的延续，综合功能轴线；“双廊”是指西部科教文娱生态廊道、东部休闲农业生态廊道；“两带”是指滨江文化带、岭南水街创意商业带；“三区”是指中心片区、西翼片区、东翼片区。建成后的国际创新城产业发展主方向是战略性新兴产业，将重点发展新一代信息技术、文化创意、新材料、新能源、生物技术等产业。

广州大学城10所高校汇聚了大量的文化人才，包括10多万本科生、硕士研究生、博士研究生和留学生。目前，番禺制定了搭建大学城文化广

广州大学城鸟瞰图（杨达超　摄）

场、建立各类文化艺术节的规划，已经初步开展了发挥大学城文化人才资源的尝试。同时鼓励辖区内大学生创业，争取一批大学生文化创业项目进入广州市《关于推进人才聚集工程的实施意见》中的“赢在广州大学生创业扶持项目”，争取“赢在广州”大学生创业活动主办地落户番禺。

》》文化产业规划发展

南方日报：目前番禺区已部分或全部落成并投入运营的文化产业园有星力动漫游戏产业园、天安节能科技园、华创动漫创意产业园、清华科技园广州创新基地、中颐创意产业园、广州巨大设计创意产业园、金山谷创意产业园以及大学城数字家庭与数字电视产学研孵化基地等。未来将如何建设重点文化产业园区？

尹涛：这需要规划产业集聚平台，优化文化产业发展布局，比如发展时尚创意功能体系所需要的时尚文化、精英文化、生活文化，构建文化多元、特色鲜明的岭南文化魅力区，品牌荟萃、智力荟萃的时尚中心，建设时尚创意都会区，塑造时尚文化新品牌。

以长隆旅游休闲度假区为依托，串联莲花山、海鸥岛等旅游景点，完善各项旅游配套设施，优化旅游产品结构，建设年接待游客量超过1000万人次，影响全国、辐射东南亚的世界级旅游休闲度假区，建设休闲文化新高地。

以华创动漫创意园为依托，集聚动漫游戏总部、研发中心、交流与交易中心，形成中国最有影响力的动漫游戏产业集聚区。以锐丰音响、浩洋电子等龙头企业为支撑，加快灯光音响产业技术创新，建设世界级灯光音响文化创意产业集聚区。

此外，还要充分利用亚运体育设施，引入国际体育开发管理公司，积极开发体育场馆无形资产，丰富体育项目，建设集训练、竞赛、健身、培训、娱乐、交流为一体的国际体育休闲产业集聚区。

南方日报：目前番禺的文化企业发展存在什么薄弱环节，如何培养和扶持文化企业的发展？

尹涛：占番禺文化产业企业绝大部分的中微型私营企业，资产规模小，资金、信息、业务渠道等要素比较匮乏，文化创意专利意识薄弱，使其难以在研发上投入较多的资源，从而限制了企业的创新能力，企业发展后劲有待加强。

要发展文化企业，首先要支持具有综合实力的文化企业以资本为纽带组建跨国界、跨地区、跨行业、跨部门的企业集团，培育一批技术先进、发展前景广阔、示范带动效应明显、在全国具有较强竞争力和影响力的骨干文化企业。

国有文化企业在发展文化产业和繁荣市场方面的旗舰引领作用也要发挥出来，培育一批核心竞争力强的国有或国有控股文化企业（集团），扶持壮大一批自主创新能力强、拥有自主知识产权和核心技术、在业界处于领军地位的民营龙头文化企业，支持长隆集团、锐丰科技等民营文化企业做大做强，积极参与国际竞争，开展跨国界、跨地区、跨行业并购，带动文化产业链全面发展。

同时，积极落实国家、省、市有关扶持中小微型企业的优惠政策，通过政府采购、信贷支持、税费优惠、加强服务等多种形式扶持中小微型文化企业发展，鼓励中小文化企业向“专、精、特、新”方向发展。简化创办手续，降低准入门槛，帮助微型文化企业解决困难，及时为其提供法律、法规、政策等各类信息咨询服务，建立完善技术、信用、融资、市场等各类信息的服务平台，降低创业风险和创业成本，提高创业成功率。

长隆旅游度假区是广州唯一的国家级5A景区（吴伟洪　摄）

南方日报：人才是文化产业发展的关键，未来如何加强文化人才队伍建设？

尹涛：目前文化产业各行业的从业技术人员严重不均衡，流失现象严重，高端技术人员缺乏。传统行业如广绣，技术人员严重不足，终生从业人员几乎没有，传统文化手艺面临失传。新兴文化产业如动画制作，技术人员人数过分膨胀，出现“有技术无工作”的现象。熟知文化产业特点和市场运作的高端经营管理人才相当缺乏，不足以带领市内大部分企业抓准时机快速发展，企业的竞争力不强。

建设文化产业领军人才队伍，要以提高本地原创能力为核心，以文化企业发展需求为导向，大力度、多渠道、跨领域引进和培育文化产业国内外高层次人才和领军人才，构筑一支广州市文化产业发展所需的高素质文化产业人才队伍。支持和鼓励文化产业人才的培养与培训，建立、健全各类文化产业人才教育培训网络体系。加强与海外高校和研究机构的合作，培养立足本土又有国际视野的文化人才。

此外，鼓励和引导文化单位以期权、高薪、兼职等手段，加大人才引进力度，努力在文化产业重点发展领域引进、培养和造就一批善经营、懂管理的领军人才。完善人才筛选、鉴别和评价机制，建立国际化的文化人才库。对优秀的高层次文化人才给予租房、购车、购房等补贴，优先解决户口、子女入学等问题。设立年度文化奖项，建立一定的文化人才奖励机制，对发展文化产业做出突出贡献的集体和个人给予表彰和奖励。

南方日报：番禺在文化建设方面应具有怎样的国际视野，如何鼓励文化产业“走出去”？

尹涛：番禺区拥有丰富的岭南传统文化资源，已经开发了一些传统文化和岭南水乡的文化旅游项目。但与番禺区文化旅游资源的潜力相比，旅游开发远远不够，缺少像浙江乌镇等全国甚至世界著名的传统文化街区旅游项目，这主要是因为我们缺少一批具有国际视野、具有宏大战略策划能力的文化旅游项目策划和宣传推广人才。

番禺区应统筹各大文化旅游项目的发展，高档次规划设计，引进世界级的人才对旅游格局进行规划。除了规划人才，还要有宣传推广人才、项目的日常运作和管理人才，通过世界级文化旅游人才引进，使番禺成为大广州最具岭南文化特色的旅游区。

根据国家出台的《文化产品和服务出口指导目录》以及番禺文化产业的自身优势，番禺可重点扶持动漫游艺、演艺、文化装备等文化产品和服务的出口，鼓励和扶持重点文化企业通过服务外包等形式承接国际服务外包业务，积极构筑海外营销网络，打开国际市场，加快实现对外文化贸易增长方式的转变。

鼓励文化企业“走出去”，还要放宽行政审批，提供优惠的财政税收、投融资以及担保、保险政策。比如鼓励文化企业通过独资、合资、控股、参股等多种形式在境外兴办文化实体，设立分支机构，鼓励文化企业同国外有实力的文化机构进行文化产品创作、营销、文化产业人才、投资、旅游、体育活动等方面的合作，鼓励国有和其他所有制企业等开展海外并购和投资，拓展海外文化产业市场。

南方日报：文化建设需要政府、企业和社会的共同努力，如何创新文化管办模式，让三者进行良性互动？

尹涛：创新文化管办模式，需要深化政府职能转换，逐步实现政府由办文化为主向管文化为主的转变，提高政府运用法律和各项政策措施进行文化管理的能力。通过编制规划、制定配套的事业和产业政策、规范行政审批、发展行业组织、培育龙头骨干企业等方式营造良好的文化发展环境，可以显著提升在政策调节、市场监管、社会管理和公共服务方面的政府职能。

从行业管理的角度看，保护文化遗产、推进文化产业发展等职能分属于文化、教育、建设、规划、科技和经济贸易部门。虽然机构众多，但职能分散，很难形成合力，建议集中各职能部门的文化功能，设立由区委宣传部牵头、区委主要领导领衔、区政府相关部门参加的番禺文化建设联席会议制度（或文化发展领导小组），统筹协调、决策部署文化基础设施建设、文化和科技融合发展、文化和土地利用规划、文化和产业经济的重大规划和重大项目，促进文化与科技、产业的渗透融合。

与此同时，还可以试点非政府组织的文化管理模式，建议依据文化管理"一臂间隔"的原理，在各镇街民间文化社团的基础上组建非政府的公共文化组织——番禺文化发展促进会，其专家成员由社会各界专业人士推选组成，主要职能是接受政府委托，从事文化发展的战略性课题研究，配合有关部门制订文化发展规划和拟定政策草案，并对本区重大的文化基建项目和文化产业项目进行论证，以建立政府与文化单位之间的对话与协商机制。

第三只眼看番禺

留住文化根脉　发展文化产业

传统文化是一个地方的"根脉"，如果根脉断掉，文化自信就失去了基础。在2200多年的文明长河中，番禺曾经人文鼎盛，群星荟萃。随着社会经济的发展，番禺能否继续延续历史人文精髓、弘扬时代文化精神，是对这座"千年古邑"的严峻考验。

作为岭南文化重要的发源地，番禺随处可见岭南文化的印记，如莲花山古采石场、东汉古墓群、南汉国遗址、沙边窑、沙路炮台；散落民间的古建筑，如蚝壳屋、镬耳山墙、古祠堂、古塔、古桥、古庙、古井、古牌坊等；还有闻名遐迩的余荫山房、留耕堂等艺术宝库。

在番禺，岭南文化所滋生的传统民间艺术几乎都能在这里得到保留和传承。沙田咸水歌缠绵幽怨，唱龙舟、粤剧曲艺的曼妙清音遍及城乡；砖、灰、陶、

石、木的雕塑艺术，凝聚着民间艺人的灵感和审美情趣；沙湾飘色、沙涌鳌鱼舞、凌边乞巧、龙舟竞渡、舞狮舞龙等民俗活动将南粤豁达开朗、知情义、重进取的风俗民情淋漓尽致地表现出来……

然而，当人们深入剖析番禺文化产业的发展时，却发现这些传统文化资源的优势仍没有充分发挥出来——突出的体现就是文化产业的原创环节薄弱，“内容不足”制约文化产业软实力。

从传统文化的角度看，岭南文化是中华文化的重要组成部分，具有丰厚的历史资源。但是从目前来看，文化资源的优势没有充分发挥出来，潜在的文化资源转化为现实文化生产力的水平较低，转化为文化产业核心竞争力的能力不强，厚重的民族文化底蕴挖掘得不够深入，优秀的民族文化元素利用得不够有效。

从现代文化产业来说，内容创新是文化产业发展的核心，但目前“内容不足”，自主创新产品数量不多，企业缺乏对创新产品核心技术的掌握和控制，设计产品处于低端，已成为制约文化产业发展与繁荣的主要问题之一。

如何让现代文化和传统文化交相辉映，是番禺文化发展亟需解决的问题。文化是文化人才创造出来的，因此，建设文化名区必须遵循依靠文化人才的思路。以往，人们更多强调文化人才对文化事业和文化产业的保障作用，今后则要转变思路，通过文化人才特别是高层次文化人才的开发来引领文化事业和文化产业的发展。

番禺区丰富的岭南传统文化遗产是培育文化名区的珍贵资源，但由于非物质文化遗产本身一般无法带来可观的经济效益，导致年轻人失去学习和继承这些珍贵文化遗产的积极性，个别非遗项目甚至出现只有一位年长传承人的危急情况，传统文化人才链面临断裂的危险。

面临新的机遇和挑战，番禺区可通过鼓励园区发展人才服务平台、强化行业协会人才发展功能、大力发展人才服务业、推动文化人才创业活动、全面发展民间文化社团和完善文化人才激励机制六大策略，促进文化人才发展目标的实现。

（本章采写／昌道励）

第八章

恢宏合唱：以音乐支点撬动文化发展

核心提示

冼星海的命运，是中华民族命运的缩影；冼星海的奋斗之路，是中国人民自强不息、走向光明的典型。冼星海创作出不朽之作《黄河大合唱》，他的坚持不懈、刻苦钻研以及强烈的爱国情怀感染着一代代的中华儿女。他用一个个音符谱出了一首首慷慨激昂的生命赞歌，用气势恢宏的合唱带给人们精神的力量。

如今，时光的车轮驶进21世纪，星海精神又将被赋予怎样的新含义？在流行文化充斥的现代社会，作为冼星海故乡的番禺该如何将合唱这一传统的大众演唱方式推广并传承下去？

从冼星海的创作到合唱形式，从星海合唱团到星海文化、从音乐教育到市民文化，星海音乐学院教授、副院长周广平运用多方位的视角，畅谈了他眼中的番禺文化形象。

在周广平看来，音乐不只表达了人与人之间的情感，音乐本身也是人类的一项创造，回归音乐的本质，找寻合唱背后的力量，才能把星海文化中的灵魂真正表现出来。通过星海合唱团、星海艺术节，番禺在一步步建立属于自己的地域文化、市民文化。在快餐文化、西方文化盛行的当下，番禺将更加注重传统文化、本土文化的传承与发展，为文化界注入一股清新的空气。

对　话

周广平：大时代造就了人民的音乐家

（周广平，星海音乐学院教授、副院长）

》》谈星海　大时代造就了人民的音乐家

南方日报：人民音乐家冼星海是我国璀璨的艺术明星，他创作的《黄河大合唱》无疑在中国合唱史上书写了辉煌的篇章。您认为冼星海专注于合唱创作的原因是什么？

周广平：冼星海是我们中华民族伟大的人民音乐家，合唱是他音乐作品中数量最多的一种音乐体裁，在《冼星海全集》里面，有完整曲谱的合唱类作品就有138首，当然也包括齐唱。

严格来说合唱一定要有两个声部以上才叫合唱，这样的合唱就像交响乐的共响、共鸣，各个声部非常饱满。而齐唱就比较单一，只有一个声部。但是我们一般在群众性歌咏活动中，也将齐唱划入合唱之列，统称为合唱。

冼星海之所以会专注于合唱创作，与他所处的时代有关。最初冼星海并没有想过要走上合唱创作的道路，如同很多想要成为世界级音乐家的音乐人一样，他更希望创作出恢宏而复杂的交响乐。

但当他1935年从巴黎回到上海时，正值抗日救亡运动的高潮。原本准备回国专心于纯音乐创作的冼星海受到了大环境的影响，加之受到张曙等音乐家的召唤，他走上了街头，感受到人民强烈的抗日激情。于是，他毫不犹豫地写下了一系列带有时代气息的歌曲。当这些歌曲迅速地被更多的

1937年12月25日，全国歌咏协会筹备委员会成立纪念合影。后排左一为冼星海（吴雍提供／FOTOE）

人传唱起来时，冼星海坚定了写更多、更富有激情、更易传唱的合唱作品的信念。从1938年开始，冼星海进入他合唱创作的高峰期，他感觉到自己的艺术创作与群众和时代紧紧扣在了一起，国家需要、群众需要、时代也需要才是音乐创作的最终目的。

从一个艺术家的角度而言，他可能并不会选择创作合唱曲，但时代与环境造就了一个以合唱作品为代表作的人民音乐家，并留下了那么多广为人们所熟知、喜爱的经典作品。

南方日报：您理解中的星海精神和星海文化是什么样的？具体到合唱形式，它有着怎样特殊的意义？作为后代，将如何传承这种精神与文化？

周广平：冼星海一生的经历是非常坎坷的，他的音乐作品正反映了他深刻的思想内涵。他的精神在我看来主要就是：对事业执着追求的精神，对困难顽强不屈的精神，对祖国、对民族赤诚不移的精神。

他能够写出像《黄河大合唱》这样震撼人心的作品，也正是这种精神的显现。这种精神也就是中华民族的精神象征。而我们要做的就是将这种精神传承和发扬下去。

番禺，作为星海的故乡，举办星海艺术节与星海合唱节，在我看来，其最终目的也是如此。一般音乐家留给后人的是他的作品，但我们往往只关注于作品的表面，而忽略了作品背后的内涵。理解星海文化，不仅仅是去了解他的作品，更重要的是领悟作曲家的精神内涵。

合唱艺术，比起其他音乐形式更注重的就是其群众性、集体性。我们每次说起冼星海，肯定就想到《黄河大合唱》，我把这个作品看作是象征中华民族伟大精神的作品，每到国家危难时人们总是会想起它。

虽然这个作品写于70多年前（1939年）的抗日战争时期，但是它超越了时代的限制，只要与战胜困难有关的所有时刻都可以唱《黄河大合唱》，因为黄河是我们民族的象征。

合唱具有的感染力和震撼性是其他音乐形式所不能比拟的。比如小提琴协奏曲《梁祝》，它也是很震撼的，但是和《黄河大合唱》的震撼有所不同，它反映的是中国老百姓在传统封建文化的桎梏下悲剧性的震撼，而《黄河大合唱》表达的却是整个中华民族不甘屈辱、奋勇抗争的民族意志，更具有振奋、激励的作用。

当然，群众性的歌曲创作并不一定代表一个作曲家的最高水平，但是一个高水平的作曲家创作出来的合唱一定具有很高的艺术水准。正如《黄河大合唱》一样，它既有时代性，也有很高的艺术性。

》》谈合唱　合唱是最能体现集体意志的音乐形式

南方日报：合唱艺术在文化生活中发挥着什么作用？合唱的魅力之处在哪里？

周广平：合唱艺术是一种群众参与度最高、最能体现集体意志的音乐形式，因此一直以来都受到人民大众的喜爱。白云山上和广州各大公园里那些群众自发的、自娱自乐的合唱场景，就足以证明这一点。

合唱也是一种很贴近市民的音乐形式，尤其是群众性的歌咏活动。参与度高的一个原因，就是它不需要每个人都具有很好的声音条件和全面的演唱技巧，更强调的是声音的和谐统一，要有很好的控制能力。

从教育的角度看，广州地区的音乐教育起步较早，且十分完善，从小学到大学音乐教育都有显著的成就。广州的合唱活动也一直开展得很好，还经常举办群众性的合唱比赛。广州有不少在国内外合唱界有一定影响的合唱团，如小云雀合唱团、省实验中学合唱团等。整个广州地区的合唱气氛都是不错的，群众基础好。

南方日报：现在受流行文化的影响，合唱似乎在老一辈中更加流行，怎样将传统的合唱形式向青少年推广，让他们也喜欢上这种形式？

周广平：大家经常把时尚、流行作为一种比较低俗的、快餐式的文

2014年11月12日，“星海之声”合唱欣赏会暨番禺区2014星海合唱节闭幕式在区行政会议中心举行（谭若锋 摄）

化。在我看来，时代不同，每个时代都有自己流行的东西，任何人也阻挡不了时代的需求。

年轻人现在这样的状态是这个时代所造就的，他们的诉求不再是国破家亡时的呼喊，而是富足安逸生活中的企盼，追求的是个性、无拘无束的表达，这与合唱表达集体意志的特性肯定是不吻合的。

但是，这并不代表他们不喜欢合唱，只要有好的作品，有好的老师引导他们，他们一样能够唱得很优秀，也会像老一辈人那样喜爱合唱。其实在国外，合唱在青少年中仍然是十分流行的，像维也纳少年合唱团一直都是享誉全球的合唱团。

青少年在学校、在集体里唱歌时，与自己一个人独唱的感受肯定不一样。合唱是一种集体的行为，需要的是互相协调。现在大部分年轻人都是独生子女，合唱能够培养他们缺失的集体精神。学校也在积极营造良好的文化环境，小学、中学都有音乐课，也都有合唱团。

广州在全国的音乐教育中本身就做得很好，很多学校的合唱团长期发展。据我了解，很多孩子都争相报名进合唱团，这也说明合唱形式并不是被青少年排斥在外的音乐形式。

至于面对如今流行文化的冲击，可以通过组织创作新的、适合青少年理想诉求的合唱作品，给合唱艺术赋予新的时代风貌。

》》谈品牌　建议创新合唱歌曲

南方日报：您认为一项艺术、一种文化要培育品牌，比如番禺要打造星海文化，应该具备怎样的特质？除了冼星海的影响力，星海艺术节、星海合唱节应该怎样成为当地的一个品牌呢？星海合唱团在星海文化中起着怎样的作用？还有哪些地方需要改进？

周广平：作为星海故乡的番禺，一直十分重视星海品牌建设，弘扬星海精神。

在我看来，音乐活动就像广州举办广交会一样，也需要一个平台，特别是一个国际性的平台。在番禺，我们利用星海故乡这一得天独厚的优势举办星海合唱节。从最初的小规模逐步发展到如今有许多国际合唱团体来参加的大型国际合唱节，让星海合唱节这个国际平台进一步扩大了知名度与影响力。

但是，仅有星海故乡这个地域优势还不够，作为主办方必须具备一定的实力。倘若只是有地域优势，合唱却不具备相应的实力，那就只能是为他人搭台子唱戏。

因此，我建议利用星海这个品牌建立一支高素质、稳定的合唱队伍，这是很重要的。星海合唱团里的成员要经过精挑细选，具有一定的音乐素养和合唱基础，成员相对固定，并有相对固定的排练时间与排练场地。

2010年10月15日，第十届中国合唱节暨第二届星海合唱节少年组合唱比赛在广州大学城星海音乐学院举行。图为台湾地区屏东佳义国民小学合唱团在比赛（谭若锋　摄）

2010年10月14日，第十届中国合唱节暨第二届星海合唱节混声组合唱比赛在广州大学城星海音乐学院举行。图为德国汉诺威青年合唱团在比赛（谭若锋　摄）

另外，要聘请著名的合唱专家对合唱团进行定期的专业训练、指导。经过一段时间的专业训练，并积极地参加各种合唱比赛，不断提高演唱水平和丰富比赛经验，星海合唱团逐步成为享誉国内外的合唱团，为推广星海文化做出贡献。

此外，星海合唱团作为星海品牌的核心内容之一，还需要创新。我们不能只是唱过去的歌，只是唱星海的歌，还需要新的番禺的歌、广东的歌、中国的歌。

星海艺术节、星海合唱节要成为当地的一个品牌，还需要良好的文化环境，而创造文化环境关键要靠政府的重视与支持。

番禺政府既重视又有胆量，作为一个区去举办合唱节，这就是当地政府发挥了积极作用。番禺重视星海的品牌，星海博物馆、星海中学等一系列星海文化建设都做得十分不错，让人们一来到番禺就能感受到星海品牌的文化氛围。

如果没有政府去搭建这个国际平台，没有政府的引导与扶持，星海这个品牌当然会很难培育。

南方日报：*您认为番禺在培育星海品牌时还应该注意些什么？有哪些地方需要改进？*

周广平：番禺在培育星海品牌时，眼界可以更宽一些、更远一些。在不同的时期，制订出近期、中期、远期不同的计划，点、线、面结合起来发展。

从近期来看，充分利用冼星海的影响力来发展本地文化。到一定时期后，我希望有更多的广东音乐及其他各种传统民间文化加入进来。广东音乐的发祥地也是在番禺沙湾，并在海外有很大影响。一个在海内外颇具影响的音乐种类在此地发源，说明了这个地区有着丰厚的文化源泉和群众基础。

应该进一步健全群众文化管理的机制，配备专门的管理人员，在场地设施、设备、经费等方面给予切实的支持。另外，要让整个地区的群众都参与进来，不应只有一个高水平的合唱团，还要让村村、镇镇都有合唱团、民间乐社。定期举行一些群众性的音乐比赛，可以根据水平分成专业组和业余组。

群众文化是很重要的，要想办法让老百姓都参与进来。不光要塑造一个品牌，更长远的目的是为了提高整个地区的国民素质，增强群众间的凝聚力，创建一个和谐幸福的社会。

目前，番禺在培育星海文化品牌时，合唱是一个点，冼星海也是一个点，而且是目前比较亮的一个点。但除此之外，比如广东音乐、音乐教育以及其他各种传统民间文化等都可以作为一些点，让这些点逐渐形成一些线，最终形成面覆盖整个地区，使点、线、面完美地结合。我相信，番禺不仅在经济发展方面走在全国前列，文化建设也同样能当排头兵。

第三只眼看番禺

创造与时代接轨的音乐

禁止思考的年代，偏偏有人思考。思想相对宽松的年代，反倒没有了思想。平庸的流行歌，堕落的摇滚乐，以及给力的神曲无孔不入地充斥着我们的生活。

这似乎已经是整个时代发展的一个必然结果，于我们的生活中那些传统而纯粹的东西似乎都在一步步远去，本土音乐在欧美流行文化的蚕食下已经所剩无几，各类音乐选秀节目、歌唱比赛占据了各大电视台，经济迅速发展的同时社会生活剧烈变革，人们面临着各种各样的社会问题和精神焦虑。

在现代和传统之间，在东方与西方之间，在乡土和都市之间，我们迫切需要给自己安排下一个位置。而在这个过程中，倘若本就处于式微状态下的传统音乐没有保驾护航者，必将消逝于时代的大背景中，本土音乐如果不把根基扎稳扎深，也许有一天一切就都会被忘记了。

我们知道番禺是广东音乐的发源地，明亮的旋律、欢快的节奏、独特的结构在二弦、提琴、三弦、横箫等中国乐器的演奏下散发出浓郁的地方特色，在过去的酒楼、茶肆甚至大街小巷都能听到。而如今，除了正式的表演，这种音乐似乎已经很少出现在人们日常的生活中了，特别是对于青年一代来说，更是接触甚少。

音乐的魅力在于它的感染力，音乐的力量是不能忽视的。然而很多人把音乐事件当成了音乐本身——没有身体的自觉、没有投入的意识或者没有践行的勇气。

番禺却敢于承担起这样一个重任，为了地区文明建设的发展，为了传统文化的传承，试图通过合唱这样一种凝聚人心的形式，将冼星海的作品作为载体之一，来激励人们的创作热情，推动本土音乐、本土文化建设。

台湾地区文化界传奇人物李双泽曾在1976年针对当时台湾地区音乐资源以西洋歌曲为主流，文化思潮有崇洋媚外之风的现象，引用过台湾地区乡土作家黄春明的一句话："在我们还没有能力写出自己的歌之前，应该一直唱前人的歌，唱到我们自己能写出来为止。"

因此，番禺文化要发展，需要的也是将原创立场和民族立场相结合。目前我们唱着冼星海的作品，通过这样的形式来推动番禺地区的发展。但从更长远来看，我们还需要更多创造，创造出更多既保留传统，又与时代接轨的音乐。

番禺可以挖掘的潜力是巨大的，既然已经承担起了传承与发展这样的责任，就应该更加坚定地走下去，让番禺的文化以其独特的魅力去征服世人，也让这种文化能够深深地扎根于此，植入市民们的心中，真正做到惠民、利民。

这里不仅有冼星海的痕迹、广东音乐的痕迹，更有着属于这个时代特有的痕迹。对流行文化怀有一颗严格但包容的心，对传统文化带着尊敬而又审视的态度，将番禺文化建立成一个具有竞争力与持久力的品牌。

（本章采写／彭文蕊）

第九章

文化名区：未来番禺的品牌塑造

核心提示

番禺是人民音乐家冼星海的故乡，番禺人民热爱冼星海，敬仰冼星海，怀念冼星海。冼星海已成为番禺人民的重要精神符号之一。

番禺不但是冼星海的故乡，而且还是广东音乐的重要发源地。近年来，番禺区委、区政府通过两道“计算题”来擦亮星海文化品牌和广东音乐品牌，建设岭南文化名区。一是做“加法题”，通过精心策划和组织星海艺术节和星海合唱节、广东省粤曲私伙局大赛、广州美食节等一系列有影响力的文化活动，不断提升番禺作为岭南文化重要发源地的知名度和美誉度，同时还培育了大批文艺社团和文艺爱好者，为番禺文化的发展打下了良好的基础，营造了良好的舆论环境。二是做“乘法题”，通过举办论坛、研讨会、与高等院校和研究机构联合开展课题研究、出版书籍等多种形式，挖掘和整理岭南文化在番禺的发展历程和丰硕成果，不断呈现番禺作为岭南文化名区的丰富文化底蕴和内涵。

对　话

徐柳：“星海”精神引领番禺文化建设

（徐柳，广州市番禺区委常委、宣传部部长）

南方日报：番禺为何提出培育星海文化品牌？

徐柳：番禺是人民音乐家冼星海的故乡，弘扬星海精神、培育星海文化品牌，正是星海故乡应有的题中之义，更是星海故乡党委和政府当仁不让的光荣使命。

早在20世纪80年代，番禺已开始着手规划、建设一系列以“星海”命名的公共文化设施，并从那时起开始定期举办以“星海”命名的合唱节和艺术节。可以说，正是基于这种文化自觉和文化自信，番禺的文化建设一直走在前列。早在2000年番禺便已获得全国文化先进市（区）称号，到目前为止共拥有“中国飘色之乡”“中国龙狮文化之乡”“中国鱼灯之乡”“中国岭南文化之乡”及“广东音乐之乡”等9个国家级艺术之乡称号。在这个过程中，番禺培育了越来越多的文艺爱好者，各类群众性文艺社团也应运而生。其中，以“星海”命名的合唱团体就有4个，这些合唱团不但积极参与区内的各类文化活动，更积极走出去参与各类国际、国内文化交流活动。例如2014年在拉脱维亚举行的第八届世界合唱比赛中，番禺星海合唱团参加室内混声和室内女声组获冠军赛银奖，番禺星海青少年宫合唱团获童声组冠军赛金奖。

这些都说明，经过多年的积累和沉淀，星海文化品牌已在番禺大地上开花结果，并已成为引领番禺文化建设的一面旗帜。

南方日报：2005年，番禺为了纪念冼星海百年诞辰编撰了《百年星海》一书；2015年冼星海110年诞辰之际，番禺又出版新书《聆听星海》。新书希望解决什么样的问题？

徐柳：《百年星海》是番禺区委宣传部在星海诞辰100周年的时候开始编撰的一本书，它主要有两方面内容：一是回忆、缅怀星海生平事迹；

在冼星海铜像揭幕暨《百年星海》一书首发仪式上，中外音乐家欢聚番禺（郭长荣　摄）

二是阐述番禺区委、区政府塑造星海文化品牌的思路和设想。

2014年以来，我部开始与南方日报合作策划《聆听星海》。我们出这本书的目的和想法是，冼星海是伟大的人民音乐家，2013年9月7日习近平总书记在哈萨克斯坦的纳扎尔巴耶夫大学做重要演讲时，专门引用了古丝绸之路上有一条冼星海大道的故事。

2015年是星海诞辰110周年，我们希望能在这个历史节点，在《百年星海》所做的基础性研究的基础上，回顾、小结番禺在过去10年以来塑造星海文化品牌所做的努力、取得的成果以及经验教训，继续探讨番禺今后培育星海品牌、开展文化建设的努力方向。我们希望借这本书作为星海诞辰110周年的一份献礼。

《聆听星海》采用了访谈形式来采写，受访对象既有冼星海的女儿冼妮娜女士，也有历史、文化、音乐方面的专家以及各级文化工作者。书名用了“聆听”一词，用意在于聆听大家对星海的缅怀之情，聆听番禺培育星海品牌的历程和经验，聆听各位专家、学者对番禺文化建设的建议和设想。

在这本书里，我们既能看到大家共同的情感和观点，也能看到不同的，甚至互相对立的思想观点所碰撞出来的火花。但不正是这些火花，给予了我们更宏大的视野和更高远的境界吗？我们希望，这是一本可读性强的、亲切温润的、开放性的、启发性的书。

南方日报：我们知道，番禺为培育星海文化品牌付出了多年的努力，也取得了丰硕的成果，接下来，你们将如何进一步丰富星海文化品牌的内涵，提高其影响力，发挥其在番禺文化建设中的引领作用？

徐柳：我想，我们至少可以从以下五个方面进行努力。

第一，发挥星海精神引领文化建设的作用。星海精神是星海文化品牌的灵魂和核心，自然也是引领番禺文化建设的精神动力。2015年6月份，番禺区委、区政府主办纪念星海诞辰110周年系列活动，其中有一个“星海精神大家谈”的活动，我们计划邀请相关专家、学者、文化工作者围绕什么是星海精神、新时期如何进一步弘扬星海精神、如何以星海精神引领文化建设等主题开展研讨，以进一步理清思路，明确方向。

第二，加强对星海作品的研究和排演。我记得2014年冼妮娜女士来番禺参加星海合唱节的时候曾经说过，冼星海生前创作了大量的音乐作品，至今仍有数百首作品从未被演绎过，她非常希望她父亲的更多作品能被大家所认识。因此，我们计划和相关专业院校、院团合作，加强对星海作品的研究和整理工作，在适当时候能够把星海的其他作品排演出来。

第三，不断丰富星海文化品牌的内涵。我区举办的星海文化品牌活动经历了一个内涵不断丰富的过程，近年来在原来的合唱比赛、文艺表演的基础上，增加了合作拍摄电视剧和记录片，出版书籍，举办文化论坛、讲座、展览等内容。接下来，我们还计划探索举办合唱作品创作大赛，借助互联网平台开展网络合唱比赛，不断完善星海博物馆、星海公园等公共文化设施，并借助星海文化品牌效应促进音乐教育培训、灯光音响、乐器制造等音乐产业的发展。我们希望能争取更高的平台，整合更多的资源，使星海文化品牌不断焕发新的生机和活力。

第四，加强对区内合唱团的引导和扶持。应该说，我们对区内各大合唱团的支持力度还是比较大的，除了支持合唱团日常运作、排练演出外，还支持它们参与各种文化交流活动。2015年，我们还支持了区内两个合唱团到中央电视台参与《合唱先锋》的录制工作。我区的各大合唱团也十分专注于提升自身业务水平，据我所知，2015年我区的教师合唱团和星海合唱团就分别在星海音乐厅举办了专场音乐会。今后，我们将进一步发挥星海合唱协会对各会员单位的统筹协调和指导帮助作用，促进各合唱团健康发展，更好地发挥它们在文化建设中的积极作用。

第五，加大宣传力度。一是要加大对星海博物馆、星海公园等星海纪念场所的宣传力度；二是要充分运用媒体，特别是新媒体来做好星海文化品牌的宣传策划；三是要通过加强对外文化交流，特别是友好城市文化交流等活动不断提升星海文化品牌的影响力。

南方日报：我们注意到，近年来，番禺除了每年举办星海合唱节、星海艺术节，还在2013年与广东省委宣传部、省文化厅联合主办了“第二届广东省粤曲私伙局大赛”，据说2015年还要继续举办第三届。番禺是否在打好“星海牌”外还计划打响“广东音乐牌”？

徐柳：可以这么说。我们近年来积极参与举办全省的粤曲私伙局大赛，主要是基于以下几点考虑。

首先，番禺具有浓厚的广东音乐文化底蕴。番禺是广东音乐的重要发源地之一，历史上曾诞生了广东音乐“何氏三杰”，创作出了《赛龙夺锦》《雨打芭蕉》《饿马摇铃》等传世名曲。时至今日，广东音乐在番禺得到了很好的传承与发展。

其次，番禺拥有众多热爱广东音乐的“粉丝”。据不完全统计，番禺

2013年11月12日晚，“开心广场　百姓舞台”第二届广东省粤曲私伙局大赛总决赛颁奖典礼暨优秀节目展演在番禺区行政会议中心大会堂举行（谭若锋　摄）

目前约有120多个私伙局，其中仅在番禺区曲艺家协会登记的就有84个，会员达700多人。所谓私伙局，通俗地说就是业余发烧友自发组织的吹打弹唱的小型乐队，是演绎广东音乐、粤曲、粤剧的一种载体和形式。这些私伙局几乎遍布在番禺的每一条村落里。

再次，在番禺，广东音乐的爱好者绝不仅仅只有中老年人，番禺的一些幼儿园、小学也把广东音乐作为特色教学项目。不少年轻人也是广东音乐的“粉丝”。例如，大学城的一些在校大学生就主动与当地村民的私伙局一起“玩音乐”。

这里还需特别说明的是，在2013年全省私伙局大赛中，番禺取得了特别好的成绩，其中金奖前十名中，我区占了三个，包括金奖第一名，另外还获得了2个铜奖、2个最佳演唱奖、2个最佳乐队伴奏奖以及特别贡献奖和优秀组织奖等。这次大赛激发了番禺各个私伙局以及广东音乐爱好者的自豪感和积极性，充分显示了文化惠民的积极效果。我们明显感到我区广东音乐传承的氛围更加浓厚了。这也是我们继续争取与省里联合主办私伙局大赛的原因。

南方日报：作为广东音乐的发源地，未来番禺如何在这个流行音乐盛行和“互联网＋”成为关键词的年代，做好广东音乐的传承工作，继续擦亮广东音乐这一金字招牌？

徐柳：民国时期，广东音乐的流行得益于上海舞台。当时的上海拥有国内先进、数量众多的唱片灌录公司，很多优秀的广东音乐人受邀到上海录制唱片，并通过上海使唱片行销国内外，造成风靡一时的广东音乐热。也就是说，广东音乐的传播在将近100年前就利用了当时最先进的技术和传播渠道走进千家万户。

今天的番禺作为广东音乐的重要发源地，有责任也有优势将广东音乐继续发扬光大。

首先，做好有关广东音乐在番禺的发展历程的资料整理工作。要把传统文化发扬光大，首要是让大家认识它、了解它，进而爱上它。因此，整理工作是我们这几年一直在做的一项基础性工作。一方面，我们与专业的研究机构合作，进行广东音乐的整理和研究工作。目前已经与中山大学合作整理广东音乐“何氏三杰”的相关资料，特别是在何少霞故居发现的乐谱、乐器、唱片等珍贵遗物。我们计划在2015年下半年举办名为“广东音乐宗师何氏三杰的世界”的展览，让人们通过这个展览更好地了解“何氏三杰”的生平以及他们对广东音乐发展的贡献。现在正在全国巡演的大型舞剧《沙湾往事》，就是以“何氏三杰”作为主人公原型进行创作的，其中的不少舞台设计也是参考了沙湾古镇的古建筑风格。此外，我们在与中山大学合作编撰的“番禺文化丛书”里会有一本专门研究广东音乐在番禺的书籍。另一方面，我们也在鼓励和支持本地文化人进行广东音乐的研究工作。近年来，番禺著名文化人梁谋先生、何滋浦先生以及钟村文化站原站长卢国尧先生等均致力于广东音乐的创作和研究，亦相继出版了这方面的专著，他们的作品丰富了我们对广东音乐的研究。接下来，我们还要继续支持他们的研究工作。

其次，不断拓展广东音乐的传播平台，让广东音乐在互联网时代成为时尚的传统音乐。目前有些人认为广东音乐、粤曲、粤剧都是“老掉牙”的东西，只有本地老人家喜欢，年轻人都喜欢流行音乐，广东音乐要传承下去是难以为继的。其实不然。广东音乐能否更好地传承发展下去，关键看我们如何去包装它、传承它。在这方面，我认为关键要抓好两点。一是通过举办大型活动来提高它的影响力。这几年，广东省举办的粤曲私伙局大赛就是很好的品牌，既满足了广大私伙局爱好者的需求，让大家有平台展示和交流，也让发烧友能一次性大饱眼福和耳福；而且还让大家了解了什么是广东音乐、粤曲、粤剧、私伙局，大大提高了广东音乐的影响力。二是通过互联网来扩大它的传播面。目前，我们打算举办网络私伙局卡拉OK大赛，建立经典作品曲库，让发烧友可以随时随地进行PK和分享。我们还将与各大网络媒体合作来宣传、推广广东音乐。总之，我们希望通过与有影响力的互联网平台

三稔厅依旧丝弦清音萦绕（谭若锋　摄）

合作，不断扩大广东音乐的影响力，让越来越多的年轻人认识和了解广东音乐，让广东音乐成为互联网时期流行的传统音乐。

再次，不断推出广东音乐的产品。我这里说的产品有几层意思：一是旅游产品。番禺的沙湾古镇正是广东音乐“何氏三杰”的故居所在地，也是目前的一个热门旅游景点。我们在进行旅游推介的时候可以把“广东音乐游”作为一条重点线路进行推介，通过把沙湾古镇内的“何氏三杰”故居、“何氏三杰”当年进行音乐创作的场所三稔厅以及2015年落成的广东音乐馆等与广东音乐有关的元素串起来，同时推出具有广东音乐元素的纪念品，通过旅游这一载体不断推介广东音乐。二是音乐作品。一方面，我们要做好广东音乐经典作品的整理和再现工作，不断搜集广东音乐的经典老唱片，通过数字化的形式把它们保留下来、再现出来。当然，在这个过程中，我们要认真处理好版权保护的问题。同时，我们也将与专业院团合作，每年都推出一些有关广东音乐的唱片。另一方面，我们计划在适当的时候通过举办广东音乐创作大赛的形式，鼓励大家进行广东音乐作品的创作。我们期待将来能有更多反映我们这个时代风貌、脍炙人口的广东音乐作品，也希望番禺能够产生更多的新生代的广东音乐人，通过他们的努力使广东音乐焕发新的活力。

最后，广东音乐的发扬还需要一定的政策扶持，包括人才的培养、对私伙局的扶持、对创作的奖励等等，这些都是我们接下来要认真研究和加以解决的问题。

南方日报：2015年5月，广东音乐馆在沙湾古镇建成并对外开放，您能否给我们介绍一下这个馆的相关情况？

徐柳：坐落在沙湾古镇的广东音乐馆是由广州市委宣传部和番禺区共同打造的集广东音乐展示、交流、表演等多功能为一体的公共文化场所。

广州市委常委、宣传部长甘新同志和番禺区委书记卢一先同志亲自确定了音乐馆的选址，并多次指导和过问音乐馆的筹建情况。在筹建过程中，我们邀请了余其伟、程美宝、刘长安、倪惠英、孔庆炎、马达、梁谋、屈九等专家组成顾问团队，对设计风格、功能布局等进行了多次论证。我们还专门到广东音乐传承工作做得比较好的一些城市，例如东莞、南海、顺德等地取经，并在中山大学程美宝老师的带领下到香港的乐茶轩、志莲净苑，澳门的郑家大屋、卢廉若公园，以及有代表性的私伙局场所进行了实地考察，在参考了各家所长的基础上，不断完善设计方案，数易其稿，最后才形成了今天的方案。

广东音乐馆是一座两层仿古建筑，面对正门的左侧有一个小舞台和小广场，可供开展群众性音乐交流活动。一楼前厅是固定展览厅，主要展示了与广东音乐的发展历程有关的资料、图片和实物；一楼中庭是开放式的岭南园林，其中的布景以“雨打芭蕉”的意境进行设计；一楼后厅则是广东音乐的表演、交流场所，设有专业的舞台、灯光音响设备和录音室，既可供专业表演，也可供私伙局交流使用。音乐馆的二楼前厅是多功能展厅，目前展示的是“何氏三杰”的部分资料和遗物，将来还可以根据实际需要举办与广东音乐有关的不同展览；二楼后厅则设置了与沙湾古镇和广东音乐有关的互动游戏，并有一间专业视听室。整个音乐馆既保持了广东音乐的传统格调，也适当运用了现代化的多媒体技术，集知识性和趣味性于一体，非常值得大家去关注。

值得一提的是，这个馆的馆名是由著名书法家李伟先生题字的。馆内屏风正面的画作是著名画家陈永锵先生的作品《南粤雄风》，并由青年雕刻家何世良先生亲手雕刻，屏风背面的书法则是现任广东书法院院长李远东先生的作品。此外，著名收藏家赵泰来先生还捐赠了一批珍贵的音乐陶俑等文物，目前正在一楼展厅展出。

接下来，我们将重点研究如何将沙湾广东音乐馆运营好的问题。一是要管理和维护好；二是要策划一系列的活动来丰富音乐馆的内涵，提高它的影响力，例如不定期举办私伙局的交流活动、邀请名家来表演和授课、举办研讨会等等；三是要适时更新和不断丰富馆内的展览和藏品，使它不断焕发新的活力。我相信，随着时间的推移，沙湾广东音乐馆必将沉淀出更多的韵味和内涵，并逐渐成为人们了解和欣赏广东音乐的经典场所。

南方日报：刚才我们探讨了很多关于如何打好“音乐牌”的问题，据我所知，番禺文化建设的定位是要建设岭南文化名区。请问除了音乐之外，你们在岭南文化名区的建设方面有什么设想？

徐柳：我想用一句话来概括我们的设想，就是围绕一条主线，打好两个基础，抓住三个重点。

首先，把握一条主线，就是把握“岭南文化在番禺”这条主线来谋划番禺的文化建设。如何才能把握好这条主线？我想最重要的就是要摸清番禺文化的“家底”，梳理好今后发展的思路。目前我们已经或者正在做这几件

"摸查家底，理清思路"的事：一是与中山大学合作开展番禺文化基础调研工作，现在中国社会科学文献出版社正准备出版我们的调研报告《番禺文化发展战略基础研究》这本书；二是邀请有关专家、学者、文化工作者共同编撰"番禺文化丛书"，这套丛书围绕番禺文化总论、岭南画派、广东音乐、番禺文化名人、番禺古建筑、番禺民间工艺与民俗文化这六大方面，系统梳理番禺对岭南文化发展的贡献；三是着手开展番禺文化发展"十三五"规划，研究好未来五年文化建设的方向。

其次，打好两个基础，就是打好硬件建设和队伍建设这两个基础。在硬件建设方面，一是要推进图书馆新馆、音乐馆、美术馆、博物馆等重大公共文化基础设施的建设和完善，补齐我区文化硬件建设的"短板"，更好地满足群众文化需求；二是要进一步整合资源，优化基层公共文化设施，更好地发挥其功能和作用。例如，我区基本上每个村和社区都有图书室，但不少基层干部反映群众不爱来图书室看书。对此，我们就要分析一下，我们有无根据群众的需求来采购图书？我们能否丰富和拓展图书室的功能，举办一些讲座、交流、亲子阅读活动？我们是否可以增加一些便民设施，例如在图书室内设置免费WiFi方便大家上网？总之，我们要尽可能贴近群众的需求来配置我们的公共文化设施，提高它们的使用效能。在队伍建设方面，一是要抓好专家库建设；二是要抓好宣传文化工作者队伍建设，接下来要重点加强岭南文化、基层文化工作业务、文化品牌建设、互联网思维这几方面的培训；三是扶持区内各级文联和文化社团的发展，充分发挥它们的积极作用；四是要与广州大学城各大高校做好对接，发挥他们在文化建设中的积极作用；五是不断壮大文化志愿者队伍。

再次是抓住三个重点。一是抓好重点品牌文化活动建设，包括星海合唱节、星海艺术节、民俗文化节、私伙局大赛等，在适当的时候，我们也会对原有品牌文化活动进行一定的整合和优化，并且探索培育新的品牌文化活动；二是抓好文化发展平台建设，一方面是要探索研究和利用互联网这个平台来推进文化建设，拓展文化建设的阵地，另一方面是要运用好传统媒体和新媒体这两个平台来做好对岭南文化的宣传推广力度；三是抓好文化产业的发展，其中既包括加强对我区的旅游、灯光音响、动漫、珠宝等重点文化产业的推动，也包括加大对广绣、广彩等传统岭南民间工艺的指导和扶持。

总而言之，岭南文化名区建设是一项系统工程，不仅需要我们清晰的战略思维，更需要我们遵循文化建设的规律和岭南文化发展的规律，通过一代又一代的文化工作者用心去培育、积累和沉淀。

程美宝：广东音乐的传承要学会欣赏和实践

（程美宝，中山大学历史人类学研究中心教授）

》》融合

南方日报：广东音乐是如何产生的，它与人们耳熟能详的粤剧和粤曲有什么密切的关系？

程美宝：广东音乐又称为“粤乐”，是珠江三角洲的本土音乐与古乐、昆、弋牌子曲及江南小曲小调等外省传入的音乐互相融合发展的结果，大约成形于1860—1920年。今天我们最熟悉的多首广东音乐，也主要是在20世纪二三十年代编撰完备的。

粤曲既指从粤剧中抽取出来的包含各种曲牌的唱段，也可以是单独创作但仍依照粤剧习惯组合的曲子。自20世纪二三十年代开始，随着国语曲子的流行，又出现了一些以广东音乐或国语曲子的谱曲填词、完全摆脱粤剧曲牌的小曲，这类小曲可说是后来的粤语时代曲的前身。粤剧、粤乐和粤曲的发展既各有蹊径，演变的过程不完全一致，又彼此互为影响，你中有我，我中有你。像《平湖秋月》《雨打芭蕉》《赛龙夺锦》以及旧上海时期的《明月千里寄相思》等，都是通过数十年的酝酿，才使得三样东西相互联系在一起，形成今天耳熟能详的粤曲。

所以广东音乐是产生于同时演唱和演奏粤曲的玩家中，粤曲的玩家也爱唱粤剧并且会在把玩的过程中编写自己的音乐。

南方日报：长期以来，番禺被认为是广东音乐的发源地，特别是民国时期出现了标志性的“何氏三杰”，对广东音乐的发展起到巨大的推动作用。同时，广东音乐的成熟、传播又涉及更多的地域，我们应该以什么样的心态来看待广东音乐？

程美宝：谈广东音乐一定要打破行政地域界限。广东音乐的起源和传

2013年元宵灯会折子戏活动专场（周文聪　摄）

播不单单在番禺，番禺有四通八达的水陆交通，自古以来便形成包容的文化心态。广东音乐的形成吸纳了很多其他形式，涉及的地域非常广，它的起源绝不仅限于番禺沙湾一地，顺德、南海也是广东音乐的发源地之一。

从传播的过程看，广东音乐的传播舞台是上海，我在《近代地方文化的跨地域性——20世纪二三十年代粤剧、粤乐和粤曲在上海》专题论文中对此进行考证，早期广东音乐的传播借助的是上海的舞台，民国时期中国只有上海的录音棚最为先进。上海新月唱片公司老板钱广仁曾邀请“何氏三杰”之一的何少霞等一众音乐玩家到录音室演奏灌录唱片。

广东音乐基本定型于20世纪30年代，在这个过程中广东音乐汲取诸多外来元素。比如，广东音乐的经典作品《平湖秋月》是受益于江南丝竹乐曲。据曾经在香港跟过吕文成学习拉奏椰胡的何晃忆述，吕文成曾经当面向他证实：“《平湖秋月》不是我吕文成所作的，只能算我吕文成根据江南小曲加花变奏而成，说是我吕文成改编可以。”

20世纪20年代，广东音乐开始在当时的商业和文化重镇上海流行起来，当时灌制唱片和无线电广播等现代的技术手段已经逐渐发展起来，由于当时广播的技术和人才都集中在上海，广东音乐的录制不少都在上海进行，并且在“国货”的包装下推广。

可以说，上海是广东音乐得以向全国传播的传播地，所以我们提到广东音乐的地域问题时，不应该强化行政区域划分。现在我们再来谈如何看待广东音乐，我们应该淡化行政区域划分。谈文化分化容易妄自菲薄，所以我们必须打破地域界限的观点。

》》传承

南方日报：2000年，番禺沙湾被国家文化部命名为“广东音乐之乡”，2014年番禺建成番禺沙湾广东音乐馆。您如何看待广东音乐馆的作用？

程美宝：我认为广东音乐馆应该恢复广东音乐的固有传统，我尤其对广东音乐馆的私伙局有所期待。

私伙局是少数能够原汁原味表达传统广东音乐内涵的奏演形式。传统的广东音乐奏演是什么样子？据我了解，20世纪二三十年代广东音乐的玩家们都不是照谱来奏唱的，一位唱者在与乐队磨合时，可以根据自己的特点对弹奏提出修改意见，乐队也会根据自己的经验，对唱者提出意见，所以说广东音乐是玩出来的。

现在有很多广东音乐私伙局已经变质了，唱者缺乏独立性，玩家也很难在没有谱的情况下弹奏。现在创作粤曲的人已经将谱写得很固定，演奏者也不复为当年的玩家。

番禺沙湾在筹建广东音乐馆的时候，我曾经牵线带着建设团队到港澳地区参观私伙局，如香港乐茶轩等还保留着传统私伙局的氛围。我的想法是，广东音乐馆的私伙局应该逐步恢复20世纪二三十年代广东音乐的玩法。

私伙局应营造雅致的环境，让观众能静下心来聆听。可是现在我们看到的私伙局是，唱者交了钱登台献唱，跟乐手几乎没有交流，乐手也不知道怎么去配合唱者，唱者和乐手并没有更多的交流，甚至不尊重乐手。

南方日报：作为广东音乐之乡的番禺，对传承广东音乐既有历史责任也有文化自觉，番禺应该如何传承广东音乐？

程美宝：传承广东音乐，必须解决“欣赏”和“实践”两件事情。欣赏是弄明白广东音乐的传统是什么，实践则是解决传承什么内容。我认为，番禺有得天独厚的条件，必须善于运用很多资源，运用这些资源时必须会从欣赏的角度，例如倾听以前的广东音乐名家作品，沉下心来聆听他们如何玩广东音乐，在倾听的过程中真正挖掘广东音乐的精气神。

首先，怀着欣赏的态度，我们可以有很多体会。广东音乐虽然经历很多融合，但它依旧是广东音乐，原因是它符合广东人的声音。广东音乐有着欢快的基调，运用的是工尺谱上平声和下平声的偶句排比。粤曲的特色是利用追腔的唱法，这可通过演奏者的唱腔设计来实现，是演奏者和演唱者心灵交汇、酝酿而成的一种结果。

私伙局在留耕堂进行戏曲展演（陈剑琴　摄）

其次是实践广东音乐。目前番禺有私伙局、广东音乐馆等形式让爱好者们玩音乐，除此之外还要培养年轻一代爱上广东音乐。我认为应该让广东音乐走进课堂，让学生们从小受到广东音乐的熏陶，通过熏陶让年轻一代有所感受。

在这一方面我有着很深的体会。我是从小听着粤剧长大的，成长后更容易接受和享受粤剧。我的感受是人到中年的某一个时期，会因为自己的一种感悟而回归传统文化，2010年我就拜著名粤曲演唱家、陈鉴平腔南音传人陈丽英女士为师。

基于这种信念，番禺要传承好广东音乐，应该培养一批从小对广东音乐有好感的人，如果培养气氛好的话，年轻人也会将其作为自己的兴趣爱好。我相信沿着这样的路子往下走，广东音乐的传承会永不间断。

熊健：岭南文化瑰宝推广传播有广阔天地

（熊健，广东歌舞剧院院长、《沙湾往事》艺术总监）

》》创新的《沙湾往事》

南方日报：《沙湾往事》舞剧在创作时是抱着一种什么样的心情来制作的？最初预想希望带给观众什么体验？

熊健：2013年6月份舞剧《沙湾往事》就开始筹备，主创人员陆续来番禺沙湾古镇采风，不断了解广东音乐、“何氏三杰”的历史。凡有华人的地方就有广东音乐，广东音乐是中国民族音乐中影响最大、传播范围最广的乐种之一，也是岭南文化三大瑰宝之一。

番禺沙湾是广东音乐的发源地之一，是广东音乐之乡，特别是“何氏三杰”，整理、创作了很多旷世佳作，比如《赛龙夺锦》《雨打芭蕉》。这些都是前辈们给我们留下的非常宝贵的文化资源，影响深远。

因此，在创作之初，我们都希望以“何氏三杰”等诸多广东音乐人为创作原型，来打造一部舞剧，用舞蹈语言，向广东音乐的前辈致敬，向世人梳理广东音乐的起源和发展，向大家展示岭南文化珍品。

最初的预想，希望可以带给观众一种“广东音乐有着厚重的历史，岭南文化如此独特”的视听体验，也希望更多的观众通过《沙湾往事》认识和理解舞剧艺术。

南方日报：2014年10月，《沙湾往事》在广州首演后陆续在广东省内巡演，受到观众和专家的好评，2015年更是在北京开启了全国巡演之路，但在创作和完善时是否会遇到什么困难？

熊健：《沙湾往事》是一台大型舞剧，是用舞蹈的形式来展示广东音乐，用一种艺术形式来展示、解读另一种艺术形式，这是此次创作的一大难点。

由广东歌舞剧院创作的大型舞剧《沙湾往事》在东莞玉兰大剧院亮相（胡国球　摄）

不管是业内人士，还是普通观众，观看后都觉得《沙湾往事》人物塑造真实、丰富，矛盾冲突强烈、感人，语汇融合独特、细腻。用舞蹈表现音乐，最后成为此剧的一大亮点。

另外需要提到的一点是，《沙湾往事》最具大胆和创新的地方是舞美。这是国内大型舞剧首次全程采用电脑数控，舞台布景随意360度旋转和平行移动。这在创作之初是我们承受压力最大的地方。公开亮相之后，舞美非常惊艳，大家都为此津津乐道。

首演很成功，广东省内巡演、全国第一轮巡演也取得了不错的口碑和市场反响。

南方日报：《沙湾往事》舞剧的演出成功，意味着大众对文化有一定的接受能力，甚至引起人们对广东音乐产生兴趣。我们注意到《沙湾往事》在演出尾声时都对广东音乐人做了致敬，该剧是否通过这种方式引起观众对广东音乐的传承思考？

熊健：《沙湾往事》是以广东音乐之乡番禺沙湾古镇为背景，以“何氏三杰”等众多广东音乐人为创作原型，以广东音乐创作为内容主线，总之该剧是用舞蹈语汇表现广东音乐这个主题。打造这部舞剧，也是希望能够引起大众对广东音乐的关注，对岭南文化的关注。

每到演出的尾声，我们通过特殊灯光将一代代广东音乐人及其名曲投射在隔扇门上，他们一一闪现时，观众爆发出热烈的掌声。这样的场面很令人感动，大家感受到了广东音乐的伟大成就和历史厚重感。

南方日报：目前广东音乐推广事业的发展现状如何？《沙湾往事》主创团队对提高广东音乐有什么建议？

《沙湾往事》的精彩表演拉开了第12届广东省艺术节的帷幕（梁文祥　摄）

熊健：在我们筹备、创作、排演舞剧《沙湾往事》的过程中，经过多次采风、与广东音乐的专家学者交流，我也是深入地上了一节广东音乐课。虽然主创人员都活跃在广东文化艺术圈里，但是对广东音乐真的是了解太浅。这也就说明目前我们广东音乐在推广方面还不够给力。

要说好的方面的话，就是前辈们留下了很多宝贵的经典作品，我们拥有很多好的资源，这些都值得我们去推广、传承。但是，目前广东音乐的梳理还不够全面，没有一整套系统的历史、发展的梳理。另外，也没有出现非常"抓住耳朵"的新作品，这也就是为什么我们急需传承、发展广东音乐。

》》广东音乐要"走出去"

南方日报：番禺历史悠久，文化底蕴深厚，诞生了"何氏三杰"这样的音乐巨子，历来注重广东音乐的传承和保护，建造了沙湾广东音乐馆。您对此有什么看法？

熊健：我们的舞剧《沙湾往事》演出后很成功，其实得益于番禺沙湾这么厚重的历史。有人说，《沙湾往事》公演之后，反响不错，还带动了番禺沙湾的旅游，到沙湾的游客也多了起来，有些观众还模仿我们的舞蹈动作在三稔厅、何家祠堂拍照，很有趣。因此，这个时候要趁热加强对广东音乐文化的传承和保护，建立广东音乐馆就是非常好的一个举措。

南方日报：番禺是广东音乐发源地，深入传播广东音乐文化魅力是一项艰巨的任务，广东音乐文化符号传播应该如何走出广州？

熊健：像前面说的那样，一方面，番禺建立广东音乐馆，系统地向大家展示广东音乐的相关内容。这是传承、展示广东音乐的历史。另一方面就要考虑如何发展广东音乐，比如如何培养相关的人才，如何用发展的理念来创作新作品，如何用其他形式去展示广东音乐，比如我们的舞剧《沙湾往事》运用的是舞蹈形式，可以说是视听双享受。还可以考虑其他符合

《沙湾往事》番禺区专场公演在沙湾文化中心举行（李细华　摄）

大众审美的展示形式，更好地引起大家对广东音乐的关注。

南方日报：在文化的传承上，提高社会大众的积极性和参与度起着相当重要的作用，您对于带动广东音乐文化的传承有什么见解？

熊健：我觉得对于传统文化的传承发展，广东音乐也不例外。首先要了解它，了解它的内容、特色、历史成就，有什么可以借鉴的历史发展规律。第二步是传承，如何取其精华，结合当前的历史条件来创作。最后才到发展阶段。另外，通过此次舞剧《沙湾往事》的创作、排演，我也觉得，不要局限于自身的领域，要敢于“走出去”，进入其他领域，或许可以碰撞出令人惊喜的火花。所以，广东音乐文化的传承发展需要自身的努力，也需要多与外界交流、合作。

开放的广东音乐之乡再现文化自信和辉煌

如果说番禺文化光谱中冼星海是一道绚烂的色彩，那么更具悠久历史的广东音乐则是这个光谱中历久弥新的底色。如今，广东音乐和星海品牌一样，得到番禺政府和民众前所未有的重视，广东音乐的金字招牌有望再次腾飞。

2015年五一国际劳动节期间，位于番禺沙湾的广东音乐馆开门迎客。广东音乐亦称“粤乐”，与粤剧、粤曲并称珠江三角洲这片文化沃土中诞生的三大艺术瑰宝，《雨打芭蕉》《饿马摇铃》《赛龙夺锦》等名曲早已闻名全球，《赛龙夺锦》更是北京奥运会的颁奖礼指定乐曲。在很多人的印象中，番禺是人民音乐家冼星海的故里，而在音乐爱好者眼中，沙湾的三稔厅更是一处音乐圣地，对广东音乐有着突出贡献的何博众和“何氏三杰”都来自沙湾。番禺的文化底蕴源远流长。

20世纪二三十年代，广东音乐便声名在外。当时位处中西文化交融之地的上海则是广东音乐的最佳传播场所。是时，上海生活着数万名粤人，其中不乏商界精英，每每念及故乡时，粤曲和粤乐便成为解开乡愁的灵丹妙药，许多粤曲名伶纷纷赴沪演出。当时的广东音乐脱胎于粤曲班底，赴沪演出中，广东音乐的名目与江南传统音乐相互交融，比如将江南丝竹乐曲融入欢快的广东音乐中，使广东音乐不断脱胎成型。

可以说，“开放”和“包容”是广东音乐的特质。广东音乐起源于番禺，得益于番禺便利的水路交通，早期音乐人开始接触到外来的音乐。当20世纪二三十年代音乐人远赴上海灌录唱片时，广东音乐再次敞开怀抱迎接新事物，在当时的广东音乐演奏中，甚至还动用了小提琴等西洋乐器。可以说，广东音乐在巅峰时期是百无禁忌、为我所用，这也是广东音乐自信的一种表现。

广东音乐的文化包容、开放和自信由来已久，但是不可否认的是最近几十年时间里，广东音乐的影响力逐渐式微，振兴广东音乐、培育番禺星海品牌是当下广州必须思考的文化命题。随着《沙湾往事》舞剧的成功上演并进行全国巡演，相信番禺的文化品牌传播将再次凸显。当下，作为开放的广东音乐之乡的番禺，除了做好文化精品，还需要在文化传播上再下功夫。

（本章采写／马喜生）

后　记

《聆听星海》系统客观地展示了番禺传承星海精神、推广星海文化的全过程，收录的学者、专家、群众观点精彩纷呈，内容通贯古今，图文并茂，雅俗共赏。图书的出版，既是番禺文化建设的一大成果，又是继承和发扬岭南优秀传统文化的重要媒介。

文化的延续性在于继承，文化的包容性在于开放，文化的生命力在于创新。番禺继承传统文化，当然不是守旧复古，而是在发掘传统文化的历史意义和现实价值的基础上，去粗取精，推陈出新，创造出符合当下时代特征的新的文化产品和新的文化业态，为经济、社会发展催生出新的增长点。《聆听星海》的编纂出版，无疑在这方面起到了抛砖引玉的作用。

《聆听星海》得到了有关专家、学者、同人的积极配合：广州市社科联主席曾伟玉，市委宣传部理论处处长贺忠，研究室主任梅声洪、副主任龚艳华，民间学者梁谋等多次对图书的内容框架提出宝贵的意见和建议，投入程度之深，令人感动；番禺区委、区政府和南方日报、南方日报出版社领导对本书的编写和出版给予了大力支持，谨在此一并表示衷心的感谢！

我们希望更多的有识之士能参与到发掘、研究、宣传、弘扬番禺文化的行动中来，续写无愧于先贤、无愧于时代、无愧于后世的文化新篇。

本书编委会

2015年6月